O AMOR É CONTAGIOSO

PAPA FRANCISCO

O AMOR É CONTAGIOSO
O EVANGELHO DA JUSTIÇA

Organização
ANNA MARIA FOLI

3ª reimpressão

Copyright © 2014 by Libreria Editrice Vaticana, Citlà del Vaticano
©2014 by Edizione Pienne S.P.A., Milano.
Este livro foi negociado através de Ute Köner Literary Agent, Barcelona www.uklitag.com

O selo Fontanar foi licenciado pela Editora Schwarcz S.A.

Grafia atualizada segundo o Acordo Ortográfico da Língua Portuguesa de 1990, que entrou em vigor no Brasil em 2009.

TÍTULO ORIGINAL L'Amore è contagioso. Il Vangelo della giustizia

TRADUÇÃO DE TRECHOS Amabile Ilibrante Zavattini (pp. 10, 17, 24, 27, 30, 37, 39, 46, 50, 52, 54-6, 61, 72-3, 77, 80-1, 83-4, 86, 89-90, 96-8, 100, 105, 109, 115, 144, 148, 154, 156, 163 e 167)

CAPA Claudia Espínola de Carvalho

FOTO DE CAPA Olga Kerneeva/ Shutterstock

PREPARAÇÃO M. Estela Heider Cavalheiro

REVISÃO Renato Potenza Rodrigues e Giovanna Serra

Dados Internacionais de Catalogação na Publicação (CIP)
(Câmara Brasileira do Livro, SP, Brasil)

Francisco, Papa, 1936-
   O amor é contagioso : o Evangelho da justiça / Papa Francisco ; organização Anna Maria Foli. — 1ª ed. — São Paulo : Fontanar, 2017.

   Título original: L'Amore è contagioso.
   ISBN 978-85-8439-063-2

   1. Dignidade humana 2. Francisco, Papa, 1936 — Mensagens 3. Justiça social 4. Solidariedade I. Foli, Anna Maria II. Título.

17-01676   CDD-282.092

Índice para catálogo sistemático:
1. Papas : Mensagens : Igreja Católica 282.092

[2020]
Todos os direitos desta edição reservados à
EDITORA SCHWARCZ S.A.
Rua Bandeira Paulista, 702, cj. 32
04532-002 — São Paulo — SP
Telefone (11) 3707-3500
www.facebook.com.br/Fontanar.br

A negatividade é contagiosa, mas também a positividade é contagiosa: não sigam pessoas negativas, mas continuem a irradiar à sua volta luz e esperança! E saibam que a esperança não desilude, nunca desilude!

Telefonema do papa Francisco, 7 de junho de 2014

PARTE I
A JUSTIÇA DO HOMEM

Trabalhemos juntos em prol da justiça e da paz!
Discurso na Esplanada das Mesquitas em Jerusalém,
26 de maio de 2014

A solidariedade

> *Que todos trabalhemos por esta palavra,*
> *que hoje em dia não é bem aceita: "solidariedade".*
> Discurso, 27 de julho de 2013

A CULTURA DA SOLIDARIEDADE

O povo brasileiro, sobretudo as pessoas mais simples, pode dar ao mundo uma grande lição de solidariedade. Esta palavra, "solidariedade", é frequentemente esquecida ou silenciada, porque é incômoda. "Solidariedade"... quase parece um palavrão! Eu queria lançar um apelo a todos os que possuem mais recursos, às autoridades públicas e a todas as pessoas de boa vontade comprometidas com a justiça social: não se cansem de trabalhar por um mundo mais justo e mais solidário! Ninguém pode permanecer insensível às desigualdades que ainda existem no mundo! Que cada um, na medida de suas possibilidades e responsabilidades, saiba dar sua contribuição para acabar com tantas injustiças sociais! A cultura do egoísmo, do individualismo, aquela que frequentemente regula nossa sociedade, não é a que constrói e conduz a um mundo mais habitável, mas, sim, a cultura da solidariedade. A cultura da solidariedade é ver no outro não um concorrente ou um número, mas um irmão. E todos somos irmãos!

Queria lhes dizer também que a Igreja, "advogada da justiça e defensora dos pobres, que clamam ao céu diante das intoleráveis desigualdades sociais e econômicas" (*Documento de Aparecida*, 395), deseja oferecer sua colaboração em todas as iniciativas que signifiquem um autêntico desenvolvimento de todo homem e do homem como um todo. Queridos amigos, certamente é necessário dar o pão a quem tem fome; é um ato de justiça. Mas existe também uma fome mais profunda, a fome de uma felicidade que só Deus pode saciar: a fome de dignidade.

O VALOR DA SOLIDARIEDADE

O fenômeno do desemprego — da falta e da perda de trabalho —, que se alastra cada vez mais em vastas áreas do Ocidente, tem ampliado de modo preocupante os limites da pobreza. E não há pobreza material pior, faço questão de frisar, que aquela que não permite ganhar o pão e que priva da dignidade do trabalho. Mas "esse algo que não funciona" não diz respeito apenas ao hemisfério Sul, mas a todo o planeta. Eis então a exigência de "reconsiderar a solidariedade" não mais como simples assistência aos mais pobres, mas como reconsideração global de todo o sistema, como busca de vias para reformá-lo e corrigi-lo de modo coerente com todos os direitos fundamentais do homem, de todos os homens.

A esta palavra "solidariedade", malvista pelo mundo econômico, como se fosse uma palavra ruim, é preciso conferir novamente a merecida cidadania social. A solidariedade não é um comportamento a mais, não é uma caridade social, mas um valor social. E ela pede a nós sua cidadania.

A crise atual não é só econômica e financeira, mas afunda suas raízes numa crise ética e antropológica. Tornou-se normal e um critério decisivo de organização seguir os ídolos do poder, do lucro e do dinheiro, acima do valor das pessoas. Esquecemos que, acima dos negócios, da lógica e dos parâmetros de mercado, estão o ser humano e algo que é devido ao homem: oferecer-lhe a possibilidade de viver dignamente e de participar de modo ativo do bem comum.

Devemos voltar à centralidade do homem, a uma visão mais ética das atividades e das relações humanas, sem receio de perder algo.

SOLIDARIEDADE E COMPARTILHAMENTO

De onde vem a multiplicação dos pães? A resposta está no convite de Jesus aos discípulos: "Dai-lhes vós mesmos...", "dar", compartilhar. O que compartilham os discípulos? O pouco de que dispõem: cinco pães e dois peixes. Mas são justamente aqueles pães e aqueles peixes que, nas mãos do Senhor, saciam toda a multidão. E são exatamente os discípulos, confusos diante da incapacidade de seus meios, da pobreza daquilo que podem pôr à disposição, que mandam as pessoas se acomodarem e distribuem — confiando na palavra de Jesus — os pães e os peixes que saciam a multidão. E isso nos indica que, na Igreja e também na sociedade, uma palavra-chave da qual não devemos ter receio é "solidariedade", ou seja, saber colocar à disposição de Deus aquilo que temos, nossas humildes capacidades, porque é só através da partilha e do dom que nossa vida será fecunda e dará frutos. "Solidariedade": uma palavra malvista pelo espírito mundano!

O Senhor nos dá o pão, que é Seu corpo, fazendo-se dom. E também experimentamos a "solidariedade de Deus" para com o homem, uma solidariedade que nunca se esgota, uma solidariedade que não cessa de nos surpreender: Deus se faz próximo de nós; humilha-se no sacrifício da cruz, entrando na obscuridade da morte para nos dar Sua vida, que vence o mal, o egoísmo e a morte. Jesus também se entrega a nós na Eucaristia, compartilha o caminho conosco, torna-se alimento, o alimento autêntico que mantém nossa vida, até mesmo nos momentos em que o trajeto se torna árduo, quando os obstáculos diminuem nossos passos. E, na Eucaristia, o Senhor nos faz percorrer Seu caminho, que é servir, partilhar e doar. Com isso, o pouco que temos, o pouco que somos, se for compartilhado, torna-se riqueza, pois o poder de Deus, que é o amor, desce até nossa pobreza para transformá-la.

A SOLIDARIEDADE GERA JUSTIÇA

A Igreja, guiada pelo Evangelho da misericórdia e pelo amor ao homem, escuta o clamor pela justiça e deseja responder com todas as suas forças. Neste versículo se pode entender o pedido de Jesus aos seus discípulos, "Dai-lhes vós mesmos de comer" (Mc 6,37), que envolve tanto a cooperação para resolver as causas estruturais da pobreza e promover o desenvolvimento integral dos pobres, como os gestos mais simples e diários de solidariedade para com as misérias muito concretas que encontramos. Embora um pouco desgastada e, por vezes, até mal interpretada, a palavra "solidariedade" significa muito mais do que alguns atos generosos esporádicos; supõe a criação de uma nova mentalidade que pense em termos de comunidade, que priorize a vida de todos, e não a apropriação dos bens por parte de alguns.

Ser solidário é uma reação espontânea de quem reconhece a função social da propriedade e o destino universal dos bens como realidades anteriores à propriedade privada. A posse privada dos bens justifica-se para cuidar deles e fazê-los prosperar de modo a serverem melhor ao bem comum, e a solidariedade deve ser vivida como a decisão de devolver ao pobre o que lhe é devido. Essas convicções e práticas, quando se fazem carne, abrem caminho a outras transformações estruturais e as tornam possíveis. Uma mudança nas estruturas, sem gerar novas convicções e atitudes, tornará essas mesmas estruturas, mais cedo ou mais tarde, corruptas, pesadas e ineficazes.

NINGUÉM É ISENTO DE SOLIDARIEDADE

Ninguém deveria dizer que se mantém longe dos pobres porque suas opções de vida implicam dedicar-se a outras incumbências. Essa é uma desculpa frequente nos meios acadêmicos, empresariais ou profissionais, e até mesmo eclesiásticos. Embora se possa dizer, de maneira geral, que a vocação e missão próprias dos fiéis leigos é a transformação das diversas realidades terrenas para que toda a atividade humana seja transformada pelo Evangelho, ninguém pode se sentir livre da preocupação pelos pobres e pela justiça social: "A conversão espiritual, a intensidade do amor a Deus e ao próximo, o zelo pela justiça e pela paz, o sentido evangélico dos pobres e da pobreza são exigidos a todos". Temo que também essas palavras sejam objeto de alguns poucos comentários, sem verdadeira prática. Apesar disso, tenho confiança na abertura e nas boas disposições dos cristãos e lhes peço que procurem, comunitariamente, novos caminhos para acolher essa renovada proposta.

A FRATERNIDADE

A fraternidade é uma dimensão essencial do homem, um ser relacional. A consciência viva dessa dimensão nos leva a ver e a tratar cada pessoa como uma verdadeira irmã e um verdadeiro irmão. Sem tal consciência, torna-se impossível a construção de uma sociedade justa e de uma paz firme e duradoura.

A fraternidade gera paz social, porque cria um equilíbrio entre liberdade e justiça, entre responsabilidade pessoal e solidariedade, entre o bem individual e o bem comum. Uma comunidade política deve, portanto, agir de forma transparente e responsável para favorecer tudo isso. Os cidadãos devem se sentir representados pelos poderes públicos no que diz respeito à sua liberdade. Em vez disso, muitas vezes, entre cidadãos e instituições interpõem-se interesses partidários que deformam essa relação, favorecendo a criação de um clima perene de conflito.

Um autêntico espírito de fraternidade vence o egoísmo individual, que se contrapõe à possibilidade de as pessoas viverem em liberdade e harmonia entre si. Tal egoísmo se desenvolve socialmente quer nas muitas formas de corrupção que hoje se difundem de maneira capilar, quer na formação de organizações criminosas — desde os pequenos grupos até aqueles organizados em escala global —, as quais, minando profundamente a legalidade e a justiça, ferem no coração a dignidade das pessoas. Tais organizações ofendem gravemente a Deus, prejudicam os irmãos e lesam a Criação, revestindo-se de uma gravidade ainda maior caso tenham conotação religiosa.

A dignidade

No trabalho livre, criativo, participativo e solidário, o ser humano exprime e engrandece a dignidade da sua vida.
Evangelii gaudium, n. 192

A CULTURA DA VIDA

As coisas têm preço e podem ser vendidas, mas as pessoas têm dignidade, valem mais do que as coisas e não têm preço. Muitas vezes nos encontramos em situações em que vemos que aquilo que menos vale é a vida. Por isso, a atenção à vida humana na sua totalidade tornou-se, nos últimos tempos, uma verdadeira prioridade do magistério da Igreja, em especial aquela mais desprotegida, ou seja, a vida do portador de deficiência, do enfermo, do nascituro, da criança e do idoso, da vida mais indefesa.

No ser humano frágil, cada um de nós é convidado a reconhecer o rosto do Senhor, que, na sua carne humana, experimentou a indiferença e a solidão às quais frequentemente condenamos os mais pobres, tanto nos países em fase de desenvolvimento como nas sociedades abastadas. Cada criança não nascida, mas injustamente condenada ao aborto, tem o rosto de Jesus Cristo, tem a face do Senhor, que ainda antes de nascer e depois, recém-nascido, experimentou a rejeição do mundo. E cada idoso, ainda que esteja enfermo ou no final de seus dias, tem em si o rosto de Cristo.

Sejam testemunhas e promotores dessa "cultura da vida". O fato de serem católicos envolve maior responsabilidade: em primeiro lugar, em relação a si mesmos, pelo compromisso de coerência com a vocação cristã, e depois em relação à cultura contemporânea, a fim de contribuir para reconhecer na vida humana a dimensão transcendente, o sinal da obra criadora de Deus, desde o primeiro instante de sua concepção. Trata-se de um compromisso da nova evangelização que muitas vezes exige nadar contra a corrente, pagando pessoalmente. O Senhor conta também com vocês para propagar o "evangelho da vida".

Não existe uma vida humana mais sagrada que outra, assim como não existe uma vida humana qualitativamente mais importante que outra.

A DIGNIDADE HUMANA É A BASE DA SOCIEDADE

A dignidade de cada pessoa humana e o bem comum são questões que deveriam estruturar toda a política econômica, mas às vezes parecem somente secundários, adicionados a um discurso político sem perspectivas nem programas de verdadeiro desenvolvimento. Quantas palavras se tornaram incômodas para esse sistema! Incomoda que se fale em ética, solidariedade mundial, distribuição de bens, defesa de postos de trabalho, dignidade dos fracos, em um Deus que exige um compromisso em prol da justiça. Outras vezes acontece que essas palavras se tornam objeto de uma manipulação oportunista que as desonra. A cômoda indiferença diante dessas questões esvazia nossa vida e nossas palavras de todo significado. A vocação de um empresário é uma nobre tarefa, desde que ele se deixe desafiar por um sentido mais amplo da vida. Isso lhe permite servir verdadeiramente ao bem comum com seu esforço por multiplicar e tornar os bens deste mundo mais acessíveis a todos.

A DIGNIDADE DO TRABALHO

O trabalho é algo maior do que ganhar o pão: o trabalho nos dá dignidade! Quem trabalha é digno, tem uma dignidade especial, uma dignidade pessoal. O homem e a mulher que trabalham são dignos. Quem não trabalha, portanto, não a possui. Mas existem muitas pessoas que desejam trabalhar e não podem. E isso é um peso em nossa consciência, porque, quando a sociedade é organizada de tal modo que nem todos tenham a possibilidade de trabalhar, de ser "ungidos" pela dignidade do trabalho, essa sociedade não está bem; ela não é justa! Vai contra o mesmo Deus que desejou que nossa dignidade começasse aqui. Jesus também trabalhou muito na Terra, na oficina de São José, e trabalhou até seu fim, na cruz. Fez aquilo que o Pai lhe ordenou. Hoje penso nas muitas pessoas que trabalham e possuem essa dignidade... Agradeçamos ao Senhor! E tenhamos consciência de que a dignidade não nos dá poder, dinheiro, cultura. A dignidade é dada pelo trabalho, ainda que a sociedade não permita que todos trabalhem. Alguns sistemas sociais, políticos e econômicos em diversas partes do mundo basearam sua organização na exploração. Quer dizer, escolheram não pagar o justo e tentar obter o máximo lucro a qualquer preço, aproveitando-se do trabalho dos outros, sem, além de tudo, a mínima preocupação com a dignidade deles. Isso vai contra Deus! Chegamos ao ponto em que não percebemos essa dignidade pessoal, essa dignidade do trabalho. Mas hoje a imagem de São José, de Jesus e de Deus trabalhando nos ensina a estrada para andar junto à dignidade.

TRABALHO E DESEMPREGO

O trabalho é uma realidade essencial para a sociedade, as famílias e os indivíduos. Com efeito, o trabalho diz respeito diretamente à pessoa, à sua vida, à sua liberdade e à sua felicidade. O valor primário do trabalho é o bem das pessoas, porque ele enobrece como tal, com suas aptidões e capacidades intelectuais, criativas e manuais. Por isso, o trabalho não tem apenas uma finalidade econômica e lucrativa, mas sobretudo uma finalidade que diz respeito ao homem e à sua dignidade. A dignidade do homem relaciona-se ao trabalho.

Se não há trabalho, essa dignidade é ferida! Quem está desempregado ou subempregado de fato corre o risco de ser colocado à margem da sociedade, de se tornar vítima da exclusão social. As pessoas sem trabalho — penso sobretudo nos muitos jovens hoje sem emprego — muitas vezes caem no desencorajamento crônico, ou pior, na apatia.

O que podemos fazer face ao gravíssimo problema do desemprego que atinge diversos países europeus? É a consequência de um sistema econômico que já não é capaz de criar trabalho, porque deu a prioridade a um ídolo que se chama dinheiro! Portanto, as diversas instâncias políticas, sociais e econômicas estão sendo chamadas a favorecer uma organização diversa, baseada na justiça e na solidariedade.

O trabalho é um bem comum que deve estar à disposição de todos. É preciso enfrentar essa fase de grave dificuldade e de desemprego com os instrumentos da criatividade e da solidariedade. Da criatividade de empresários e artesãos corajosos, que olham para o futuro com confiança e esperança. E da solidariedade entre todos os componentes da sociedade que renunciam a certas coisas e adotam um estilo de vida mais moderado para ajudar os que estão em situação de necessidade.

DIGNIDADE E JUSTIÇA

O sofrimento que resulta da falta de trabalho leva o indivíduo — perdoem-me se isso soar um pouco forte, mas digo a verdade — a se sentir sem dignidade! Onde não há trabalho, não há dignidade! E esse não é um problema unicamente da Sardenha, da Itália ou de alguns países da Europa; é consequência de uma escolha mundial, de um sistema econômico que tem no centro um ídolo que se chama dinheiro.

Deus quis que no centro do mundo não houvesse um ídolo, mas o homem, o homem e a mulher, que levassem o mundo adiante com a força do próprio trabalho.

Mas pensemos num mundo onde os jovens — duas gerações de jovens — não encontram trabalho! Esse mundo não tem futuro. Por quê? Porque eles já não têm dignidade! É difícil ter dignidade sem trabalhar. É nisso que consiste o sofrimento aqui. Este é o pedido, um pedido necessário: trabalho. Trabalho quer dizer dignidade, trabalho significa trazer o pão para casa, trabalho quer dizer amar! Para defender esse sistema econômico idolátrico, chega-se a instaurar a "cultura do descarte": descartam-se os avós e descartam-se também os jovens. Quanto a nós, devemos dizer não a essa "cultura do descarte". Temos o dever de dizer: "Queremos um sistema justo! Um sistema que nos faça a todos seguir adiante". Devemos dizer: "Não queremos esse sistema econômico globalizado, que tanto nos prejudica!". No centro deve estar o homem e a mulher, como Deus deseja, e não o dinheiro!

O acolhimento

O encontro e o acolhimento de todos, a solidariedade e a fraternidade são elementos que tornam nossa sociedade verdadeiramente humana.
Homilia na XXVIII Jornada Mundial da Juventude,
Rio de Janeiro, 27 de julho de 2013

ACOLHER E SERVIR

O que significa servir? Servir significa acolher com atenção a pessoa que chega; significa inclinar-se sobre quem é necessitado e lhe estender a mão, sem temor nem receio, mas com ternura e compreensão, como Jesus se inclinou para lavar os pés dos apóstolos. Servir significa trabalhar ao lado dos mais necessitados, estabelecer com eles, antes de tudo, relações humanas, de proximidade, vínculos de solidariedade. "Solidariedade": essa palavra que assusta o mundo desenvolvido. Procuram não pronunciá-la. "Solidariedade" para eles é quase um palavrão. Mas é a nossa palavra! Servir significa reconhecer e acolher os pedidos de justiça, de esperança, e procurar juntos caminhos concretos de libertação.

Os pobres são também mestres privilegiados do nosso conhecimento de Deus. Sua fragilidade e simplicidade desmascara nosso egoísmo, nossa falsa segurança, nossas pretensões de autossuficiência e nos guiam rumo à experiência da proximidade e da ternura de Deus, para receber em nossa vida seu amor, sua misericórdia de Pai, que, com discrição e confiança paciente, cuida de nós, de todos nós.

"Será que sirvo só a mim mesmo ou sei servir aos outros, como Cristo, que veio para servir e até doar sua vida? Olho nos olhos de quantos pedem justiça ou desvio o olhar, evitando encarar as pessoas?"

OS CONVENTOS, LOCAIS DE ACOLHIMENTO

Caríssimos religiosos e religiosas, os conventos vazios não servem à Igreja para ser transformados em hotéis e gerar dinheiro. Os conventos vazios não são seus; são para a carne de Cristo, que são os refugiados. O Senhor chama a viver com mais coragem e generosidade nas comunidades, nas casas, nos conventos vazios. Certamente não é uma coisa simples; é necessário ter critério, responsabilidade e também coragem. Fazemos muito, mas talvez sejamos chamados a fazer mais, acolhendo e partilhando com decisão o que a Providência nos doou para servir. Superar a tentação da mundanidade espiritual para estarmos próximos das pessoas simples e sobretudo delas. Precisamos de comunidades solidárias que vivam o amor de forma concreta!

Todos os dias, aqui e em outras cidades, muitas pessoas, sobretudo jovens, entram na fila para obter uma refeição. Essas pessoas nos recordam sofrimentos e dramas da humanidade. Mas essa fila também diz para nós, todos nós, que fazer alguma coisa, agora, é possível. Basta bater à porta e dizer: "Estou aqui. Como posso ajudar?".

CULTURA DO DESCARTE E DO ACOLHIMENTO

Infelizmente, a sociedade está poluída pela cultura do "descarte", que é oposta à cultura do acolhimento. E as vítimas da cultura do descarte são justamente as pessoas mais desprotegidas, mais frágeis. Ao contrário, nesta casa vejo em ação a cultura do acolhimento. Certamente também aqui nem tudo é perfeito, mas há uma colaboração conjunta para uma vida digna das pessoas com graves dificuldades. Agradeçamos pelo sinal de amor que nos é oferecido: é o sinal da verdadeira civilização, humana e cristã, que é colocar no centro da atenção social e política as pessoas mais desfavorecidas! Mas, por vezes, as famílias têm que se ocupar delas sozinhas. O que fazer? Deste lugar no qual se vê o amor concreto, digo a todos: multipliquemos as obras da cultura do acolhimento, obras antes de tudo animadas por um profundo amor cristão, amor a Cristo Crucificado, à carne de Cristo, obras nas quais se unem o profissionalismo, o trabalho qualificado e justamente retribuído, e o voluntariado, um tesouro precioso.

Servir com amor e ternura as pessoas que precisam de ajuda nos faz crescer em humanidade, porque esses são os verdadeiros recursos de humanidade. São Francisco era um jovem rico, tinha ideais de glória, mas Jesus, na pessoa daquele leproso, lhe falou em silêncio, transformando-o e fazendo-o compreender o que tem valor de fato na vida: não as riquezas, a força das armas, a glória terrena, mas a humildade, a misericórdia, o perdão.

A IGREJA QUE ACOLHE

Na Igreja, o Deus que encontramos não é um juiz cruel, mas o pai da parábola evangélica. Você pode ser como o filho que deixou a casa e se distanciou de Deus. Quando tiver a força de dizer "Quero voltar para casa", encontrará a porta aberta; Deus vem ao seu encontro porque o aguarda sempre. Deus o aguarda sempre, o abraça, o beija e lhe faz festa. Assim é o Senhor; essa é a ternura do nosso Pai celeste.

O Senhor quer que façamos parte de uma Igreja que abre os braços para todos, de uma Igreja que não é a casa de poucos, mas de todos, onde todos possam ser renovados, transformados e santificados pelo seu amor: os mais fortes e os mais fracos, os pecadores, os indiferentes, os que se sentem desanimados e perdidos. A Igreja oferece a todos a possibilidade de percorrer o caminho da santidade, que é o caminho cristão: ela nos leva a encontrar Jesus Cristo nos sacramentos, especialmente na Confissão e na Eucaristia; nos comunica a palavra de Deus, nos faz viver na caridade, no amor de Deus por todos. Então, interroguemos a nós mesmos: nós nos deixamos santificar? Somos uma Igreja que chama e recebe de braços abertos os pecadores, que incute coragem e esperança, ou somos uma Igreja fechada? Somos uma Igreja na qual se vive o amor de Deus, na qual se presta atenção ao próximo, na qual rezamos uns pelos outros?

"Cada cristão é chamado à santidade" (cf. Constituição Dogmática *Lumen gentium*, 39-42), e a santidade não consiste antes de tudo em fazer coisas extraordinárias, mas em deixar Deus agir. É o encontro da nossa debilidade com a força de Sua graça; é a confiança em Sua obra que nos permite viver na caridade, fazer tudo com alegria e humildade, para glória de Deus e o serviço ao próximo.

ACOLHER OS IMIGRANTES

Não se pode reduzir o desenvolvimento a um mero crescimento econômico, alcançado, muitas vezes, sem levar em conta os mais fracos e indefesos. O mundo só pode melhorar se o foco se tornar, em primeiro lugar, a pessoa; se a promoção da pessoa for integral, em todas as suas dimensões, inclusive a espiritual; se ninguém for deixado de lado, incluindo os pobres, os doentes, os encarcerados, os necessitados, os estrangeiros (cf. Mt 25,31-46); se da cultura do descarte passarmos para a cultura do encontro e do acolhimento.

Trata-se, então, de vermos a nós, em primeiro lugar, e de ajudar os outros a ver no migrante e no refugiado não só um problema, mas um irmão e uma irmã que devem ser acolhidos, respeitados e amados. Trata-se de uma oportunidade que a Providência nos oferece para contribuir para a construção de uma sociedade mais justa, de uma democracia mais completa, de um país mais inclusivo, de um mundo mais fraterno e de uma comunidade cristã mais aberta, de acordo com o Evangelho. As migrações podem criar possibilidades para a nova evangelização, abrir espaços para o crescimento de uma nova humanidade, prenunciada no mistério pascal, uma humanidade em que toda terra estrangeira é uma pátria, e em que toda pátria é uma terra estrangeira.

Queridos migrantes e refugiados! Não percam a esperança de que também a vocês está reservado um futuro mais seguro. Que vocês possam encontrar em seu caminho uma mão estendida; que lhes seja permitido experimentar a solidariedade fraterna e o calor da amizade!

O ACOLHIMENTO CRISTÃO

Os cristãos que pedem não devem jamais encontrar portas fechadas. As igrejas não são escritórios onde se apresentam documentos e papéis oficiais quando se pede entrada na graça de Deus. Não precisamos instituir o oitavo sacramento, o da alfândega pastoral! Temos a tentação de nos aproveitar, de nos apropriar do Senhor. Vejamos o caso de uma mãe jovem que vai à igreja, na paróquia, pedir para batizarem seu filho e ouve de um cristão ou de uma cristã: "Não, você não pode, porque não é casada". Observem essa moça que teve a coragem de ir adiante com sua gravidez e de não abortar: o que encontrou? Uma porta fechada. E assim acontece com muitas pessoas. Esse não é um bom zelo pastoral. Isso afasta do Senhor, não abre portas. Agindo dessa maneira, não fazemos bem às pessoas, ao povo de Deus. Jesus estabeleceu sete sacramentos, e nós, com esse comportamento, estabelecemos o oitavo, o sacramento da alfândega pastoral. Jesus fica indignado, pois quem sofre por isso? Seu povo fiel, as pessoas que tanto o amam. Jesus deseja que todos se aproximem dele. Pensemos no santo povo de Deus, povo simples, que deseja se aproximar de

Jesus. E pensemos em todos os cristãos de boa vontade que erram e, ao invés de abrir uma porta, a fecham. Peçamos ao Senhor para que todos que se aproximem da Igreja encontrem as portas abertas a fim de encontrar o amor de Jesus.

A igualdade

Diante do Pai somos todos iguais, todos!
Discurso, 22 de setembro de 2013

SOMOS TODOS FILHOS DE DEUS

São Paulo explica que a comunidade não pertence aos apóstolos, mas são eles, os apóstolos, que pertencem à comunidade, e a comunidade, na sua totalidade, pertence a Cristo!

Desse pertencimento deriva que, nas comunidades cristãs — dioceses, paróquias, associações, movimentos —, as diferenças não podem contradizer o fato de que todos, pelo Batismo, temos a mesma dignidade: todos, em Jesus Cristo, somos filhos de Deus. E essa é nossa dignidade: em Jesus Cristo somos filhos de Deus! Todos os que receberam um ministério de guia, de pregação, de administração dos sacramentos, não devem se considerar proprietários de poderes especiais, donos, mas devem se colocar a serviço da comunidade, ajudando-a a percorrer com alegria o caminho da santidade.

Mas um bispo, um cardeal, um papa precisam de muita oração para poder ajudar o povo de Deus a seguir em frente! Digo "ajudar", isto é, servir o povo de Deus, porque a vocação do bispo, do cardeal e do papa é justamente esta: ser servo, servir em nome de Cristo. Rezem por nós, para que sejamos bons servos: bons servos, não bons donos! Todos juntos, bispos, presbíteros, pessoas consagradas e fiéis leigos, devemos oferecer o testemunho de uma Igreja fiel a Cristo, animada pelo desejo de servir os irmãos e pronta para ir ao encontro dos homens e das mulheres do nosso tempo com coragem profética das expectativas e das exigências espirituais.

A TERRA É DE TODOS

Até os direitos humanos podem ser usados como justificativa para uma defesa exacerbada dos direitos individuais ou dos direitos dos povos mais ricos. Respeitando a independência e a cultura de cada nação, é preciso recordar sempre que o planeta é de toda a humanidade e para toda a humanidade, e que o simples fato de ter nascido em um lugar com menos recursos ou menor desenvolvimento não justifica que algumas pessoas vivam menos dignamente. É preciso repetir que "os mais favorecidos devem renunciar a alguns de seus direitos, para poder colocar, com mais liberalidade, seus bens a serviço dos outros". Para falar adequadamente sobre nossos direitos, é preciso ampliar o olhar e abrir os ouvidos para o clamor dos outros povos ou de outras regiões do próprio país. Precisamos crescer em uma solidariedade que "permita a todos os povos se tornar artífices de seu destino", assim como "cada homem é chamado a se desenvolver".

Em todos os lugares e circunstâncias, os cristãos, encorajados pelo seu pastor, são chamados a escutar os gritos dos pobres.

OS DIREITOS DOS NASCITUROS

Os nascituros são os mais indefesos e inocentes de todos, e a quem se quer negar hoje a dignidade humana, para deles fazer o que apetecer, tirando-lhes a vida e promovendo legislações para que ninguém o possa impedir.

Essa defesa da vida nascente está intimamente ligada à defesa de todo direito humano. Supõe a convicção de que um ser humano é sempre sagrado e inviolável, em qualquer situação e em toda etapa do seu desenvolvimento. É um fim em si mesmo, e nunca um meio para resolver outras dificuldades. Se essa convicção ruir, não restarão fundamentos sólidos e permanentes para a defesa dos direitos humanos, que ficarão sempre sujeitos às conveniências contingentes dos poderosos de plantão. A razão por si só é suficiente para reconhecer o valor inviolável de qualquer vida humana, mas, se a olhamos também a partir da fé, "toda violação da dignidade pessoal do ser humano clama por vingança junto de Deus e torna-se ofensa ao Criador do homem".

A SANTIDADE DO INDIVÍDUO

Para partilhar a vida com as pessoas e nos doarmos generosamente, precisamos reconhecer também que toda pessoa é digna da nossa dedicação. Não pelo seu aspecto físico, suas capacidades, sua linguagem, sua mentalidade ou pelas satisfações que nos pode dar, mas porque é obra de Deus, criatura Sua. Ele a criou à Sua imagem e reflete algo da Sua glória. Todo ser humano é objeto da ternura infinita do Senhor, e Ele mesmo habita sua vida. Na cruz, Jesus Cristo deu seu sangue precioso por essa pessoa. Independente da aparência, cada um é imensamente sagrado e merece nosso afeto e nossa dedicação. Por isso, se consigo ajudar uma única pessoa a viver melhor, isso já justifica o dom da minha vida. É maravilhoso ser um povo fiel a Deus. E ganhamos plenitude quando derrubamos os muros e o coração se enche de rostos e de nomes!

OS PAPÉIS NA IGREJA

Se lermos o capítulo 12 da Primeira Carta de São Paulo aos Coríntios, veremos que na Igreja não há nem grande nem pequeno: cada qual tem sua função e presta sua ajuda ao próximo, pois a mão não pode existir sem a cabeça. Somos todos membros, e até os meios de comunicação, grandes ou pequenos, são membros, harmonizados para a vocação do serviço na Igreja. Ninguém deve se sentir pequeno, demasiado pequeno em relação a outro, muito grande. Todos são pequenos diante de Deus, na humildade cristã, mas todos têm uma função. Todos! Como na Igreja... Eu faria esta pergunta: quem é mais importante na Igreja, o papa ou aquela velhinha que todo dia recita o rosário para a Igreja? Que Deus responda; não posso fazer isso. Mas cada um é importante nessa harmonia, porque a Igreja é a harmonia da diversidade. O corpo de Cristo é essa harmonia da diversidade, e é o Espírito Santo que faz a harmonia: Ele é o mais importante de todos.

É importante buscar a unidade, e não seguir a lógica de que o peixe grande come o pequeno.

Compartilhando

Ninguém pode se sentir desobrigado de compartilhar com os pobres e com a justiça social.

Twitter, 26 de abril de 2014

A SERVIÇO DO PRÓXIMO

Não se pode servir a dois senhores: a Deus e à riqueza. Enquanto cada um tentar acumular para si, nunca haverá justiça. Ouçamos bem isto! Enquanto cada um tentar acumular para si, nunca haverá justiça. Se, ao contrário, confiando na Providência divina, buscarmos juntos seu reino, não faltará a ninguém o necessário para viver dignamente.

Um coração ocupado pela luxúria da posse, cheio da cobiça de possuir, é um coração vazio de Deus. Por isso, Jesus admoestou várias vezes os ricos, porque para eles é alto o risco de apoiar a própria segurança nos bens deste mundo, enquanto a segurança, a segurança definitiva, está em Deus. Em um coração possuído pelas riquezas, não há lugar para a fé. Mas, ao contrário, se deixarmos a Deus o lugar que lhe cabe, isto é, o primeiro, então Seu amor nos levará a partilhar também as riquezas, a colocá-las a serviço de projetos de solidariedade e de progresso, como demonstram tantos exemplos, até recentes, na história da Igreja. E, assim, a Providência divina se transmite através do nosso serviço aos outros, do nosso partilhar com os outros. Se cada um de nós não acumular riquezas só para si, mas colocá-las a serviço dos outros, então a Providência divina se tornará visível nesse gesto de solidariedade. Se, ao contrário, cada um acumular só para si, o que lhe acontecerá quando for chamado por Deus? Não poderá levar as riquezas consigo, porque — vocês bem sabem — a mortalha não tem bolsos! É melhor partilhar, porque nós só levamos para o Céu aquilo que partilhamos com os outros.

A RIQUEZA DO COMPARTILHAR

Nenhum esforço de "pacificação" será duradouro, não haverá harmonia e felicidade para uma sociedade que ignora, que deixa de lado, que abandona na periferia parte de si mesma. Uma sociedade assim simplesmente empobrece a si mesma; antes, perde algo de essencial a si mesma. Não deixemos entrar no nosso coração a cultura do descartável! Não deixemos entrar no nosso coração a cultura do descartável, porque somos irmãos. Ninguém é descartável! Recordemos sempre: somente quando somos capazes de compartilhar é que enriquecemos de verdade. Tudo aquilo que compartilhamos se multiplica! Pensemos na multiplicação dos pães de Jesus! A medida da grandeza de uma sociedade é dada pelo modo como ela trata os mais necessitados, que não têm outra coisa senão a pobreza!

OS DONS DO SENHOR

A parábola dos talentos nos leva a meditar sobre a relação entre o modo como usamos os dons recebidos de Deus e sua vinda, quando ele irá perguntar como os utilizamos (cf. Mt 25,14-30). Conhecemos bem a parábola: antes de partir, o senhor confia a cada servo alguns talentos [moedas], para serem bem utilizados na sua ausência. Ao primeiro dá cinco; ao segundo, dois, e ao terceiro, um. Durante sua ausência, os dois primeiros servos multiplicam seus talentos, enquanto o terceiro prefere enterrá-lo e restituí-lo intacto ao senhor. Quando regressa, o senhor julga sua conduta: elogia os primeiros dois, enquanto o terceiro é expulso para as trevas, porque teve medo e manteve escondido o talento, fechando-se em si mesmo. O cristão que se fecha em si próprio, que esconde tudo o que o Senhor lhe deu, é cristão? Não, não é! É um cristão que não agradece a Deus por tudo o que recebeu! Isso nos revela que a espera da volta do Senhor é o tempo da ação — vivemos no tempo da ação —, tempo de fazer frutificar os dons de Deus, não para nós mesmos, mas para Ele, para a Igreja, para os outros, tempo de procurar fazer crescer o bem no mundo. E, em particular nesta época de crise, hoje é importante não nos fecharmos em nós mesmos, enterrando nosso talento, nossas riquezas espirituais, intelectuais e materiais, tudo o que o Senhor nos concedeu, mas nos abrir, sermos solidários e atentos ao próximo.

A vida não nos é concedida para que a conservemos ciosamente para nós mesmos, mas para que a doemos.

CONVIVER COM OS IRMÃOS

Se todos nós formos egoístas, poderemos viver em comunhão e em paz? Não, não poderemos, e por isso é necessário o amor que nos une. O mais ínfimo dos nossos gestos de amor tem efeitos positivos para todos! Portanto, viver a unidade na Igreja e a comunhão da caridade significa não procurar o próprio interesse, mas participar nos sofrimentos e nas alegrias dos irmãos (cf. 1 Cor 12,26), prontos para carregar o fardo dos mais frágeis e pobres. Essa solidariedade fraterna não é uma figura retórica, um modo de dizer, mas parte integrante da comunhão entre os cristãos. Se a vivenciarmos, seremos, no mundo, um sinal, um "sacramento" do amor de Deus uns para os outros e para todos! Não se trata apenas daquela caridade superficial, mas de algo mais profundo: uma comunhão que nos torna capazes de entrar na alegria e no sofrimento do próximo para torná-los sinceramente nossos.

Com frequência, somos demasiado duros, indiferentes e desinteressados e, em vez de transmitir fraternidade, transmitimos mau humor, insensibilidade e egoísmo. E com mau humor, insensibilidade e egoísmo não se pode fazer crescer a Igreja. A Igreja cresce unicamente com o amor que provém do Espírito Santo.

A SANTA MISSA

Na Eucaristia, Cristo sempre oferece de novo o dom de si que já concedeu na cruz. Sua vida inteira é um gesto de partilha total de si mesmo por amor; por isso, Ele gostava de estar com os discípulos e com as pessoas que tinha a oportunidade de conhecer. Para Ele, isso significava compartilhar seus desejos, seus problemas, aquilo que inquietava suas almas e vidas. Pois bem, quando participamos da Santa Missa, nos encontramos com homens e mulheres de todo tipo: jovens, idosos e crianças; pobres e ricos; naturais do lugar e estrangeiros; pessoas sós e acompanhadas de familiares... Mas a Eucaristia que eu celebro me leva a senti-los todos verdadeiramente como irmãos e irmãs? Faz aumentar em mim a capacidade de me alegrar com aqueles que se rejubilam, de chorar com quem chora? Impele-me a ir ao encontro dos pobres, dos enfermos e dos marginalizados? Ajuda-me a reconhecer neles o rosto de Jesus? Todos nós vamos à missa porque amamos Jesus e, na Eucaristia, queremos compartilhar sua paixão e ressurreição. Mas amamos, como deseja Jesus, os irmãos e irmãs mais necessitados? Por exemplo, por estes dias vimos em Roma muitos problemas sociais, ou devido às chuvas, que causaram prejuízos enormes em bairros inteiros, ou devido à falta de trabalho, consequência da crise econômica no mundo inteiro. Pergunto a mim, e cada um de nós deve se perguntar: eu, que vou à missa, como vivo essa situação? Preocupo-me em ajudar, em me aproximar, em rezar por aqueles que enfrentam esse problema? Ou sou um pouco indiferente? Ou, talvez, me preocupe em comentar: você reparou como se veste essa pessoa, ou como está vestido aquele? Às vezes é isso que se faz depois da missa, mas não podemos nos comportar assim! Devemos nos preocupar com nossos irmãos e irmãs que têm necessidade por causa de uma doença, de um problema.

A PIEDADE

Se o dom da piedade nos faz crescer na relação e na comunhão com Deus, nos levando a viver como seus filhos, ele ao mesmo tempo nos ajuda a derramar esse amor sobre os outros e a reconhecê-los como irmãos. Então, sim, seremos impelidos por sentimentos de piedade — não de pietismo! — pelos que estão ao nosso lado e por quantos encontramos todos os dias. Por que digo "não de pietismo"? Porque alguns pensam que ter piedade significa fechar os olhos, fazer cara de santo, disfarçar-se de santo. Em piemontês, dizemos: ser "mugna quacia" ["fingido"]. Não é essa a dádiva da piedade. O dom da piedade significa ser verdadeiramente capaz de se alegrar com os que estão alegres, de chorar com quem chora, de estar próximo daquele que está sozinho ou angustiado, de corrigir os que erram, de consolar os aflitos, de acolher e socorrer aquele que precisa. Há uma relação muito estreita entre o dom da piedade e a brandura. A dádiva da piedade, que recebemos do Espírito Santo, nos torna brandos, tranquilos, pacientes e em paz com Deus, colocando-nos a serviço do próximo com brandura.

O encontro

Devemos edificar, criar, construir, uma cultura do encontro.
Mensagem, 7 de agosto de 2013

A CULTURA DO ENCONTRO

Observando a realidade de migrantes e refugiados, há um elemento que eu gostaria de destacar no caminho da construção de um mundo melhor: a superação de preconceitos e de pré-julgamentos ao considerar a migração. De fato, não é raro que a chegada de migrantes, fugitivos, requerentes de asilo e refugiados desperte desconfiança e hostilidade nas populações locais. Surge o medo de que se produzam perturbações na segurança social, que se corra o risco de perder a identidade e a cultura, que se alimente a concorrência no mercado de trabalho ou, ainda, que se introduzam novos fatores de criminalidade. Os meios de comunicação social, nesse campo, desempenham um papel de grande responsabilidade: cabe a eles, de fato, desmascarar estereótipos e fornecer informações corretas, o que significa denunciar o erro de alguns, mas também reportar a honestidade, a retidão e a magnanimidade da maioria. Para isso, é preciso que todos mudem de atitude em relação aos migrantes e refugiados. É necessário passar de uma atitude de defesa e de medo, de desinteresse ou de marginalização — que, no final, corresponde justamente à "cultura do descartável" — para uma atitude que tem por base a "cultura do encontro", a única capaz de construir um mundo mais justo e fraterno, um mundo melhor. Os meios de comunicação também são chamados a entrar nessa "mudança de atitude" e incentivar essa mudança de comportamento em relação aos imigrantes e refugiados.

CONTRA A INTOLERÂNCIA

Tive a oportunidade de reiterar várias vezes, nas últimas semanas, a condenação por parte da Igreja a todas as formas de antissemitismo. Hoje, gostaria de frisar como o problema da intolerância deve ser enfrentado em seu conjunto: onde uma minoria qualquer é perseguida e marginalizada por suas convicções religiosas ou étnicas, o bem de toda uma sociedade está em perigo. Todos nós devemos nos sentir incluídos nessa causa. Penso com particular amargura nos sofrimentos, na marginalização e nas autênticas perseguições que muitos cristãos continuam a padecer em vários países do mundo. Unamos nossas forças para favorecer uma cultura do encontro, do respeito, da compreensão e do perdão recíprocos.

Para a construção de tal cultura, gostaria de ressaltar em particular a importância da formação, de uma formação que não é só transmissão de conhecimentos, mas transmissão de um testemunho vivido, que pressupõe o estabelecimento de uma comunhão de vida, de uma "aliança" com as jovens gerações, sempre aberta à verdade. Com efeito, a elas devemos saber transmitir não só conhecimentos a respeito da história do diálogo judaico-cristão, das dificuldades enfrentadas e dos progressos alcançados ao longo das últimas décadas. Acima de tudo, devemos ser capazes de transmitir a paixão pelo encontro e pelo conhecimento do outro, promovendo uma participação concreta e responsável dos nossos jovens. Nisso, o compromisso compartilhado a serviço da sociedade e dos mais frágeis se reveste de uma importância enorme.

ENCONTRO COM DEUS

Deus não nos criou para permanecermos sozinhos, presos dentro de nós, mas para que possamos encontrá-Lo e nos abrir para o encontro com os outros. Deus primeiramente vem na direção de cada um de nós, e isso é maravilhoso! Ele vem ao nosso encontro! Na Bíblia, Deus aparece sempre como aquele que toma a iniciativa de encontrar o homem: é Ele quem procura o homem, e normalmente o faz justamente quando o homem passa pela experiência amarga e trágica de trair a Deus e fugir d'Ele. Deus não espera que o procurem; Ele procura. Ele procura com paciência, nosso Pai! Ele nos precede e nos espera sempre. Não se cansa de nos esperar, não se afasta de nós, mas tem a paciência de aguardar pelo momento mais favorável para o encontro com qualquer um de nós. E, quando o encontro acontece, não é mais um encontro apressado, porque Deus deseja permanecer bastante conosco, para nos sustentar, nos consolar, nos dar sua alegria. Deus se apressa para nos encontrar, mas não tem pressa de nos deixar. Ele está conosco. Como nós ansiamos por Ele e O desejamos, assim, também Ele deseja estar conosco, porque nós pertencemos a Ele, somos algo seu, suas criaturas. Ele, também podemos dizer, tem sede de nós, de nos encontrar. Nosso Deus é sedento de nós. Esse é o coração de Deus. É bonito sentir isso.

ENCONTRO COM JESUS

Podemos formular esta pergunta: mas quando encontro Jesus? Somente no fim? Não, não! Nós o encontramos todos os dias. Mas como? Na oração! Quando você reza, encontra Jesus. Quando recebe a comunhão, encontra Jesus nos sacramentos. Quando leva seu filho para ser batizado, encontra e recebe Jesus.

Mas também depois da crisma, a vida inteira é um encontro com Jesus: na oração, quando vamos à missa e quando realizamos o bem, quando visitamos os doentes, ajudamos um pobre, quando pensamos no próximo, quando não somos egoístas, quando somos amáveis... em todos esses momentos encontramos sempre Jesus. E o caminho da vida é justamente este: ir ao encontro de Jesus.

Recordem sempre isto: a vida é um caminho. Um caminho para encontrar Jesus. No final e sempre. O caminho onde não encontramos Jesus não é um caminho cristão. É próprio do cristão encontrar Jesus, contemplá-Lo, se deixar olhar por Jesus, porque Ele olha para nós com amor, nos ama de verdade, gosta muito de nós e olha sempre por nós. Encontrar Jesus é também se deixar olhar por Ele.

E, no caminho, nós — todos pecadores, somos todos pecadores — até quando erramos, quando cometemos um pecado, Jesus vem e nos perdoa. E esse perdão, que recebemos na confissão, é um encontro com Jesus. Encontremos sempre Jesus!

Nisso consiste a vida cristã: caminhar, ir em frente unidos, como irmãos, amando-nos uns aos outros. Encontrar Jesus.

E o presente mais bonito é encontrar Jesus. Adiante, coragem!

A MÍDIA

A cultura do encontro requer que estejamos dispostos não só a dar, mas também a receber. A internet, em especial, pode oferecer maiores possibilidades de encontro e de solidariedade entre todos; e isso é uma coisa boa, é um dom de Deus.

No entanto, há aspectos problemáticos. O ambiente de comunicação pode nos ajudar a crescer ou, pelo contrário, nos desorientar. O desejo de conexão digital pode acabar por nos isolar do nosso próximo, de quem está mais perto de nós. Sem esquecer que a pessoa que, pelas mais diversas razões, não tem acesso às mídias sociais corre o risco de ser excluída. Então, como pode a comunicação estar a serviço de uma autêntica cultura do encontro?

Não basta circular pelas "estradas" digitais, ou seja, simplesmente estar conectado: é necessário que a conexão seja acompanhada de um encontro verdadeiro. Não podemos viver sozinhos, fechados em nós mesmos. Precisamos amar e ser amados. Precisamos de ternura. Não são as estratégias comunicativas que garantem a beleza, a bondade e a verdade da comunicação. O próprio mundo midiático não pode se alienar do cuidado pela humanidade, chamado como é a exprimir ternura. A rede digital pode ser um lugar rico de humanidade: não uma rede de fios, mas de pessoas humanas. A neutralidade da mídia é só aparente; só pode constituir um ponto de referência quem se comunica colocando a si mesmo em jogo. O envolvimento pessoal é a própria raiz da confiabilidade de um comunicador. É por isso que o testemunho cristão pode, graças à rede, alcançar as periferias existenciais.

Já disse isso diversas vezes: entre uma Igreja acidentada que sai pela estrada e uma Igreja doente de autorreferência, não hesito em ficar com a primeira. E, quando falo em estrada, penso nas estradas do mundo em que as pessoas vivem: é lá que podemos alcançá-las, efetiva e afetivamente. Entre essas estradas estão também as digitais, congestionadas de humanidade, muitas vezes ferida: homens e mulheres que buscam uma salvação ou uma esperança.

Dialogar significa estar convencido de que o outro tem algo de bom a dizer, dar espaço ao seu ponto de vista, às suas propostas. Dialogar não significa renunciar às próprias ideias e tradições, mas à pretensão de que elas sejam únicas e absolutas.

O DIÁLOGO

Para dialogar, é necessário, antes de tudo, humildade. Não é preciso erguer a voz, mas é necessário delicadeza. Humildade, suavidade, e fazer tudo a todos, são os três elementos fundamentais de um diálogo. Mesmo que não esteja escrito na Bíblia, todos sabemos que, para fazer tais coisas, é preciso engolir muitos sapos: precisamos fazer isso porque a paz é feita assim! A paz se faz com humildade, humilhação, procurando sempre ver no outro a imagem de Deus. Assim muitos problemas têm solução com o diálogo em família, na comunidade, nos bairros. A disponibilidade surge quando se reconhece, diante do outro: "Escuta, me perdoe, eu achava que...". O comportamento justo é se humilhar: é sempre fazer a ponte, sempre, sempre! Esse é o estilo de quem deseja ser cristão; ainda que não seja fácil; não é fácil!

Para iniciar o diálogo, não se pode perder tempo. Os problemas, aliás, devem ser enfrentados o mais rápido possível, no momento em que podemos fazê-lo, depois de passar a tempestade. É preciso estabelecer o diálogo rapidamente, porque o tempo faz crescer o muro, como faz crescer a erva daninha que impede o crescimento do grão. E, quando os muros se erguem, a reconciliação é muito, muito difícil! Também em nosso coração há a possibilidade de nos tornarmos, como existiu em Berlim, um muro erguido em relação aos outros.

A união

O nome de Cristo cria comunhão e unidade, não divisão!
Audiência Geral, 22 de janeiro de 2014

CRISTÃOS E JUDEUS

Não se trata apenas de estabelecer, num plano humano, relações de respeito mútuo: somos chamados, como cristãos e como judeus, a nos questionar em profundidade sobre o significado espiritual do vínculo que nos une. É um vínculo que vem do Alto, ultrapassa nossa vontade e permanece íntegro, não obstante todas as dificuldades de relacionamento infelizmente vividas na história.

Do lado católico, há seguramente a intenção de considerar plenamente o sentido das raízes judaicas da própria fé. Estou confiante, com a ajuda de vocês, que também do lado judaico se mantenha e, se possível, aumente o interesse pelo conhecimento do cristianismo, mesmo nesta terra bendita onde o cristianismo reconhece suas origens, especialmente entre as gerações jovens.

O conhecimento recíproco do nosso patrimônio espiritual, o apreço pelo que temos em comum e o respeito por aquilo que nos divide poderão servir de guia para o sucessivo desenvolvimento de relações futuras, que entregamos nas mãos de Deus. Juntos, poderemos dar uma grande contribuição para a causa da paz. Juntos, poderemos, num mundo em transformação, testemunhar o significado perene do plano divino da Criação. Juntos, poderemos resistir com firmeza a todas as formas de antissemitismo e a outras formas de discriminação. Que o Senhor nos ajude a caminhar, com confiança e fortaleza de ânimo, pelas suas vias. *Shalom!*

A UNIDADE DA IGREJA

Unidade na fé, na esperança e na caridade, unidade nos sacramentos e no ministério: são como pilares que sustentam e mantêm firme o único e grande edifício da Igreja. Aonde quer que formos, à paróquia mais pequenina, no recanto mais remoto do mundo, existe uma única Igreja; estamos em casa, em família, entre irmãos e irmãs; e esse é um grande dom de Deus! A Igreja é uma só para todos! Não existe uma Igreja para os europeus, uma para os africanos, uma para os americanos, uma para os asiáticos e uma para os que vivem na Oceania; não, ela é a mesma em toda parte. É como uma família: podemos estar distantes, espalhados pelo mundo, mas os vínculos profundos que unem todos os membros da família permanecem sólidos, independentemente da distância.

Existem feridas nessa unidade? Podemos ferir essa unidade? Infelizmente vemos que no caminho da história, mesmo agora, nem sempre vivemos a unidade. Às vezes surgem incompreensões, conflitos, tensões e divisões que a ferem, e então a Igreja não tem o rosto que gostaríamos que tivesse, não manifesta a caridade, o que Deus deseja. Somos nós que criamos lacerações! E se olharmos para as divisões que ainda subsistem entre os cristãos, católicos, ortodoxos, protestantes, teremos dificuldade para tornar essa unidade plenamente visível. Deus nos concede a unidade, mas nós muitas vezes temos dificuldade para vê-la. É preciso procurar, construir a comunhão, educar para a comunhão, para superar incompreensões e divisões, a começar pela família, pelas realidades eclesiásticas, inclusive no diálogo ecumênico. Nosso mundo precisa de unidade. Vivemos numa época em que todos precisamos de unidade, temos necessidade de reconciliação e de comunhão, e a Igreja é uma casa de comunhão.

Humildade, amabilidade, magnanimidade e caridade para conservar a unidade! São esses os caminhos, os verdadeiros caminhos da Igreja. Vamos ouvi-las mais uma vez: humildade contra a vaidade, contra a soberba; humildade, amabilidade, magnanimidade e caridade para conservar a unidade!

HARMONIA NA IGREJA

A Igreja é católica porque é a "Casa da harmonia", onde unidade e diversidade sabem se unir para se tornar uma riqueza. Pensemos na imagem da sinfonia, que quer dizer acordo e harmonia, com diversos instrumentos tocando juntos. Cada qual mantém seu timbre inconfundível, e suas características sonoras sintonizam em algo comum. Depois há aquele que dirige, o maestro e, na sinfonia que é executada, todos tocam juntos, em "harmonia", sem que o timbre de um instrumento seja anulado; aliás, a peculiaridade de cada um é valorizada ao máximo!

É uma imagem bonita, que nos diz que a Igreja é como uma grande orquestra na qual existe variedade. Não somos todos iguais, nem devemos sê-lo. Somos todos diversos, diferentes, cada qual com suas qualidades. Essa é a beleza da Igreja: cada um oferece o que é seu, aquilo que Deus lhe concedeu, para enriquecer os demais. Entre os componentes existe diversidade, mas uma diversidade que não entra em conflito, que não se opõe; é uma variedade que se deixa fundir de modo harmonioso pelo Espírito Santo. Ele é o verdadeiro "maestro"; Ele mesmo é harmonia. E aqui cabe a pergunta: nas nossas comunidades, vivemos a harmonia, ou nos desentendemos? Na minha comunidade paroquial, no meu movimento, onde faço parte da Igreja, há mexericos? Quando existem intrigas não há harmonia, mas luta. E essa não é a Igreja. A Igreja é a harmonia entre todos: nunca falem mal uns dos outros, nunca discutam!

UNIÃO NA FÉ

A relação entre Jesus e o Pai é a matriz do vínculo entre nós, cristãos. Se estivermos intimamente inseridos nessa "matriz", nessa fornalha ardente de amor, poderemos nos tornar verdadeiramente um só coração e uma só alma, porque o amor de Deus dissipa nossos egoísmos, nossos preconceitos e nossas divisões internas e externas. O amor de Deus dissipa também nossos pecados!

Nossa fé tem necessidade da ajuda dos outros, especialmente nos momentos difíceis. Se estivermos unidos, nossa fé se fortalecerá. Como é bom nos ampararmos uns aos outros na maravilhosa aventura da fé! Digo isso porque a tendência a nos fecharmos no âmbito privado influenciou também o âmbito religioso, de tal modo que muitas vezes temos dificuldade para pedir a ajuda espiritual a quantos compartilham conosco a experiência cristã. Quem de nós nunca sentiu insegurança, confusão e até dúvidas no caminho da fé? Todos nós vivemos isso, e eu também: faz parte do caminho da fé; faz parte da nossa vida. Nada disso deve causar surpresa, pois somos seres humanos, marcados pela fragilidade e pelos limites; todos somos frágeis, todos temos limites. No entanto, nesses momentos de dificuldade, é necessário confiar na ajuda de Deus por meio da oração filial e, ao mesmo tempo, é importante encontrar a coragem e a humildade de nos abrirmos para os outros, para pedir ajuda, para pedir que nos deem uma mão. Quantas vezes o fizemos e depois conseguimos resolver o problema e encontrar Deus mais uma vez? Nessa comunhão — "comunhão" quer dizer comum-união — somos uma grande família, em que todos os componentes se ajudam e se apoiam.

UNIDADE E DIVERSIDADE

O contexto sociocultural no qual vocês estão inseridos por vezes fica sobrecarregado de mediocridade e de tédio. Não devemos nos resignar à monotonia do cotidiano, mas cultivar projetos de longo alcance e ir além do ordinário. Não se deixem subtrair o entusiasmo juvenil! Seria um erro ficar prisioneiro do pensamento débil e do pensamento uniforme, aquele que homologa, bem como de uma globalização que homologa. Para evitar esses riscos, o modelo que se deve seguir não é a esfera. O modelo a ser seguido na verdadeira globalização — que é boa — não é a esfera, na qual qualquer saliência é nivelada e desaparece qualquer diferença. Diferentemente, o modelo é o poliedro, que inclui uma multiplicidade de elementos e respeita a unidade na variedade. Ao defender a unidade, defendemos também a diversidade. Caso contrário, aquela unidade não seria humana.

Com efeito, o pensamento é fecundo quando é a expressão de uma mente aberta, que discerne, sempre iluminada pela verdade, pelo bem e pela beleza. Se vocês não se deixarem condicionar pela opinião dominante, mas permanecerem fiéis aos princípios éticos e religiosos cristãos, terão a coragem até de nadar contra a corrente. No mundo globalizado, poderão contribuir para salvar peculiaridades e características próprias, sem diminuir o nível ético.

A política

Peço a todos que têm responsabilidade política que não se esqueçam de duas coisas: a dignidade humana e o bem comum.
Twitter, 1º de janeiro de 2014

POLÍTICA E BEM COMUM

O governante deve, antes de mais nada, amar seu povo. Os anciãos hebreus disseram a Jesus: "Ele merece o que pede porque ama nosso povo". Um governante que não ama não pode governar. No máximo pode dar um pouco de ordem, mas não governar.

Assim, todo homem e toda mulher que assume uma responsabilidade de governo deve se fazer duas perguntas: amo meu povo para melhor servi-lo? Sou humilde para ouvir a opinião dos outros e poder escolher o melhor caminho? Se eles não se fizerem essas perguntas, seu governo não será bom.

Isso significa que nenhum de nós pode dizer: não tenho nada a ver com isso; os governantes são eles. Não, sou responsável pelo governo deles e devo dar o melhor de mim para que seu governo seja bom, participando da política como posso. A política, segundo a doutrina social da Igreja, é uma das maiores formas de caridade, porque significa servir ao bem comum. E não posso lavar as minhas mãos: todos devemos fazer alguma coisa. Mas já nos habituamos a pensar que dos governantes se deve apenas fazer mexericos, falar mal, além de maldizer as coisas que não vão bem.

Talvez o governante seja um pecador, como era Davi. Mas devo colaborar, com minha opinião, com minha palavra e também com minha correção: não estou de acordo com isso. Devemos participar do bem comum. Às vezes ouvimos: um bom católico não se interessa pela política. Não é verdade: um bom católico interfere na política, oferecendo seu melhor para que o governante possa governar.

A TAREFA DOS POLÍTICOS

Peço a Deus que aumente o número de políticos capazes de entrar num autêntico diálogo que vise efetivamente sanar as raízes profundas, e não apenas a aparência dos males do mundo. A política, tão difamada, é uma vocação sublime, é uma das formas mais preciosas da caridade, porque busca o bem comum. Temos de nos convencer de que a caridade "é o princípio não só das microrrelações entre amigos, na família, no pequeno grupo, mas também das macrorrelações nas relações sociais, econômicas, políticas".

Rezo ao Senhor para que nos conceda mais políticos que tenham verdadeiramente no coração a sociedade, o povo, a vida dos pobres. É indispensável que os governantes e o poder financeiro levantem o olhar e ampliem suas perspectivas, empenhando-se para que haja trabalho digno, instrução e assistência médica para todos os cidadãos. E por que não recorrer a Deus, pedindo a Ele que inspire seus planos? Estou convencido de que, a partir de uma abertura à transcendência, se poderia formar uma nova mentalidade política e econômica, que ajudaria a superar a dicotomia absoluta entre a economia e o bem social comum.

O SUSTENTO DA IGREJA

Assim como a solidariedade, também a ética incomoda! Ela é considerada contraproducente, vista como demasiado humana, porque relativiza o dinheiro e o poder, e como uma ameaça, porque recusa a manipulação e a submissão das pessoas, porque a ética conduz a Deus, que escapa às categorias do mercado. Deus é considerado por esses financistas, economistas e políticos como não manipulável; não manipulável, e até perigoso, por chamar o homem à sua plena realização e à independência de qualquer tipo de escravidão. A meu ver, a ética — naturalmente não ideológica — permite criar um equilíbrio e uma ordem social mais humanos.

Seria desejável a realização de uma reforma financeira que fosse ética e produzisse, por sua vez, uma reforma econômica salutar a todos. Isso, porém, requereria uma corajosa mudança de atitude por parte dos dirigentes políticos. Exorto vocês a enfrentar esse desafio com determinação e clarividência, naturalmente levando em conta a peculiaridade dos respectivos contextos.

A Igreja, por sua vez, não cessará de trabalhar pelo desenvolvimento integral das pessoas. Nesse sentido, ela recorda que o bem comum não deveria ser simplesmente um acréscimo, um esquema conceitual de reduzido valor, inserido nos programas políticos. A Igreja encoraja os governantes a permanecer verdadeiramente a serviço do bem comum. Exorta os dirigentes das realidades financeiras a levar em consideração a ética e a solidariedade. E por que não se dirigir a Deus para que lhes inspire seus desígnios!? Será formada então uma nova mentalidade política e econômica, que contribuirá para transformar a profunda dicotomia entre as esferas econômica e social numa convivência saudável.

A POLÍTICA É UM DEVER

Para o cristão, é uma obrigação se envolver na política. Nós, cristãos, não podemos "fazer como Pilatos" e lavar as mãos. Não podemos! Devemos nos envolver na política, que é uma das formas mais altas de caridade, pois busca o bem comum. E os leigos cristãos devem trabalhar na política. Podem dizer: "Mas não é fácil!". Também não é fácil se tornar padre. Não há coisas fáceis na vida. Não é fácil; a política está muito suja. Então eu me pergunto: está suja por quê? Não será por que os cristãos se envolveram na política sem espírito evangélico? Deixo esta pergunta: é fácil dizer que "a culpa é de fulano", mas eu o que faço? É um dever! Trabalhar para o bem comum é um dever do cristão! E, muitas vezes, a opção de trabalho é a política. Há outros caminhos: ser professor, por exemplo. Mas a atividade política em prol do bem comum é um dos caminhos. Isso está claro.

REABILITAR A POLÍTICA

O futuro exige hoje o trabalho de reabilitar a política, que é uma das formas mais altas de caridade. O futuro exige também uma visão humanista da economia e uma política que promova cada vez mais e melhor a participação das pessoas, evitando elitismos e erradicando a pobreza. Que ninguém fique privado do necessário, e que a todos sejam asseguradas dignidade, fraternidade e solidariedade: esse é o caminho proposto.

Os clamores por justiça continuam. É próprio da liderança escolher a mais justa das opções, após tê-las analisado com base na própria responsabilidade e no interesse pelo bem comum. Por esse caminho, se chega ao centro dos males da sociedade, para vencê-los com a ousadia das ações corajosas e livres. É nossa responsabilidade, embora sempre limitada, essa compreensão global da realidade, observando, medindo, avaliando, para tomar decisões no momento presente, mas estendendo o olhar para o futuro e refletindo sobre as consequências dessas decisões. Quem atua responsavelmente, submete a própria ação aos direitos dos outros e ao juízo de Deus. Esse sentido ético aparece, nos nossos dias, como um desafio histórico sem precedentes. Devemos procurá-lo e integrá-lo à própria sociedade. Além da racionalidade científica e técnica, na atual situação o vínculo moral se impõe com uma responsabilidade social e profundamente solidária.

O DESAFIO DA DIPLOMACIA

É bem conhecida a ação da diplomacia, que, através de seus protagonistas, suas regras e seus métodos, é um instrumento que concorre para a construção do bem comum, chamado, antes de mais nada, a ler os fatos internacionais, que é também uma forma de interpretar a realidade. Essa realidade somos nós, a família humana em movimento, quase uma obra em contínua construção, que inclui o lugar e o tempo em que se materializa nossa história de mulheres e homens, de comunidade, de povo. A diplomacia é, portanto, um serviço, não uma atividade refém de interesses particulares, nas quais guerras, conflitos internos e formas diversas de violência são a lógica, ainda que amarga, consequência. Nem é, tampouco, um instrumento das exigências dos poucos que excluem a maioria, gerando pobreza e marginalização, tolerando todo tipo de corrupção e produzindo privilégios e injustiças.

À profunda crise de convicções, valores e ideias, a atividade diplomática oferece uma nova oportunidade, que é ao mesmo tempo um desafio. O desafio de contribuir para promover entre os diversos povos novas relações verdadeiramente justas e solidárias, em que todas as nações e todas as pessoas sejam respeitadas em suas identidades e dignidades, e apoiadas em sua liberdade.

Não basta evitar a injustiça, se não se promove a justiça.

A CENTRALIDADE DO SER HUMANO

A finalidade da economia e da política é servir a humanidade, a começar pelos mais pobres e vulneráveis, onde quer que se encontrem, mesmo no ventre da própria mãe. Toda teoria ou decisão econômica e política deve procurar oferecer a todo habitante da Terra aquele bem-estar mínimo que lhe permita viver dignamente, em liberdade, podendo sustentar uma família, educar os filhos, louvar a Deus e desenvolver as próprias capacidades humanas. Sem essa visão, nenhuma atividade econômica tem significado.

Nesse sentido, os vários e graves desafios econômicos e políticos que o mundo contemporâneo enfrenta exigem uma corajosa mudança de atitude, que restitua ao fim (a pessoa humana) e aos meios (a economia e a política) o lugar que lhes é próprio. O dinheiro e os outros instrumentos políticos e econômicos devem servir, e não governar, tendo presente que a solidariedade gratuita e abnegada é, de modo aparentemente paradoxal, a chave para o bom funcionamento econômico global.

Os cristãos

Ser cristão é viver e testemunhar a fé na oração, nas obras de caridade, na promoção da justiça e na realização do bem.
Angelus, 25 de agosto de 2013

O COMPROMISSO DO CRISTÃO

A exemplo de nosso Mestre, nós, cristãos, somos chamados a observar as misérias dos irmãos, a tocá-las, carregá-las e a trabalhar concretamente para aliviá-las. A miséria não coincide com a pobreza; a miséria é a pobreza sem confiança, sem solidariedade, sem esperança. Podemos distinguir três tipos de miséria: a material, a moral e a espiritual. A miséria material é aquela que normalmente chamam de pobreza e afeta os que vivem em condição que não seja humana: privados dos direitos fundamentais e dos bens de primeira necessidade, como comida, água, condições higiênicas, trabalho, e a possibilidade de desenvolvimento e crescimento cultural. Face a essa miséria, a Igreja oferece seu serviço, sua diocese, para ir ao encontro dos necessitados e curar essas pragas que deturpam a natureza humana. Nos pobres e nos moribundos vemos a face de Cristo. Amando e ajudando os pobres, amamos e servimos Cristo. Nosso compromisso atua também no sentido de tentar cessar as violações da dignidade humana, as discriminações e os abusos, que, em tantos casos, são a origem da miséria. Quando o poder, o luxo e o dinheiro se tornam ídolos, se antepõem às exigências de uma distribuição adequada das riquezas. Para tanto, é necessário que as consciências se convertam em justiça, igualdade, sobriedade e compartilhamento.

Trata-se de seguir e imitar Jesus, que andou com os pobres e os pecadores como o pastor anda, repleto de amor, em meio ao rebanho perdido. Unidos a Ele podemos abrir, com coragem, novos caminhos de evangelização e promoção humana.

A CULTURA CRISTÃ

A cultura cristã em alguns povos, sobretudo ocidentais, é uma realidade viva. Aqui encontramos, especialmente entre os mais necessitados, uma reserva moral que guarda valores do autêntico humanismo cristão. Um olhar de fé sobre a realidade não pode deixar de reconhecer o que o Espírito Santo semeia. Significaria não ter confiança em sua ação livre e generosa pensar que inexistem autênticos valores cristãos onde grande parte da população recebeu o Batismo e exprime de variadas maneiras sua fé e sua solidariedade fraterna. Aqui há que reconhecer muito mais que "sementes do Verbo", visto que se trata de uma autêntica fé católica com modalidades próprias de expressão e de filiação à Igreja. Não convém ignorar a enorme importância que tem uma cultura marcada pela fé, porque, não obstante seus limites, essa cultura evangelizada tem, contra os ataques do secularismo atual, muito mais recursos que a mera soma dos crentes. Uma cultura popular evangelizada contém valores de fé e solidariedade que podem estimular o desenvolvimento de uma sociedade mais justa e crente, e possui uma sabedoria peculiar que devemos saber reconhecer com olhar agradecido.

A UNIÃO DOS CRISTÃOS

Há urgente necessidade de uma cooperação efetiva e empenhada dos cristãos para salvaguardar, em toda parte, o direito de exprimirem publicamente a própria fé e de serem tratados equitativamente ao promover aquilo que o cristianismo continua oferecendo à sociedade e à cultura contemporânea. A propósito, convidamos todos os cristãos a promover um diálogo autêntico com o judaísmo, o islamismo e outras tradições religiosas. A indiferença e a ignorância mútua só podem levar à desconfiança e até mesmo, infelizmente, ao conflito.

Em um contexto histórico marcado pela violência, a indiferença e o egoísmo, muitos homens e mulheres de hoje sentem que perderam suas referências. É justamente por meio do nosso testemunho comum à boa notícia do Evangelho de que seremos capazes de ajudar as pessoas de nossa época a redescobrir o caminho que conduz à verdade, à justiça e à paz. Unidos em nossos objetivos e recordando o exemplo dado há cinquenta anos aqui em Jerusalém pelo papa Paulo VI e o patriarca Atenágoras, apelamos a todos os cristãos, juntamente com os adeptos das diferentes tradições religiosas e todas as pessoas de boa vontade, que reconheçam a urgência desta época, que nos obriga a buscar a reconciliação e a unidade da família humana, no pleno respeito das legítimas diferenças, para o bem de toda a humanidade atual e das gerações futuras.

A CONCRETUDE DO AMOR CRISTÃO

O amor verdadeiro não é o das telenovelas. Não é feito de ilusões. O amor verdadeiro é concreto, mira os fatos e não as palavras, o dar e não o receber vantagens.

O amor cristão tem sempre uma qualidade: a concretude. O amor cristão é concreto. Mesmo Jesus, quando fala do amor, fala de coisas concretas: dar comida aos famintos, visitar os enfermos. São coisas concretas justamente porque o amor é concreto. É a concretude cristã.

Quando essa concretude não existe, acaba-se vivendo um cristianismo de ilusões, já que não se entende bem onde está o centro da mensagem de Jesus. O amor não chega a ser concreto e se torna um amor de ilusões. É uma ilusão, também, aquela que tiveram os discípulos quando, observando Jesus, acreditaram que fosse um fantasma, como relata a passagem evangélica de Marcos (6,45-52). No entanto, um amor de ilusões, não concreto, não nos faz bem.

O amor está mais nas ações que nas palavras. Jesus disse o mesmo: não aqueles que me dizem "Senhor, Senhor", que muito falam, entrarão no reino dos céus, mas aqueles que fazem a vontade de Deus. O convite então é ser concreto realizando as obras de Deus.

Há uma pergunta que todos devem se fazer: "Se permaneço em Jesus, permaneço no Senhor, permaneço no amor, o que faço — não o que penso ou digo — por Deus, o que faço pelos outros?". Assim, o primeiro critério é amar com ações, não com palavras. As palavras, além de tudo, se vão com o vento: hoje existem; amanhã, não.

O segundo critério de concretude é: no amor é mais importante dar que receber.

O ZELO DO CRISTÃO

Com seu testemunho da verdade, o cristão deve incomodar nossas estruturas acomodadas, ao preço de se ver em apuros, porque é dotado de uma insanidade espiritual saudável em relação a todas as periferias existenciais. Pelo exemplo de São Paulo, que ia de uma batalha a outra, os crédulos não devem se refugiar em uma vida tranquila ou em compromissos: hoje na Igreja existem muitos cristãos hipócritas, educados, mornos, para quem sempre tudo vai bem, mas que não possuem, dentro de si, o ardor apostólico.

Paulo incomoda: é um homem que, com sua pregação, seu trabalho, sua atitude, incomoda exatamente porque anuncia Jesus Cristo. E o anúncio de Jesus Cristo irrita nossa comodidade, muitas vezes nossas estruturas cômodas, até mesmo as cristãs. O Senhor deseja que avancemos cada vez mais. E não que nos refugiemos em uma vida tranquila ou em estruturas caducas.

O fervor apostólico, o zelo apostólico, se compreende apenas em uma atmosfera de amor: sem amor não se compreende, porque o zelo apostólico tem algo de insano, mas de uma insanidade espiritual, uma maluquice saudável. E Paulo possuía essa insanidade.

O Espírito Santo deu a todos nós esse fervor apostólico; deu-nos também a graça de poder incomodar as coisas que estão calmas demais na Igreja, a graça de avançar rumo às periferias existenciais. A Igreja tem muita necessidade disso! Não apenas em terras distantes, mas nas jovens Igrejas, nos povos que ainda não conhecem Jesus Cristo. Mas aqui na cidade, na própria cidade, há necessidade desse anúncio de Jesus Cristo. Então peçamos ao Espírito Santo essa graça do zelo apostólico: cristãos com zelo apostólico. E incomodemos, bendito seja o Senhor. Avante, como disse o Senhor a Paulo: "Coragem!".

A JUSTIÇA DOS CRISTÃOS

Jesus é o novo Moisés que Deus prometera e que anuncia a nova lei. São as bem-aventuranças, os sermões da montanha. Assim como Moisés no monte Sinai anunciou as leis, Jesus veio dizer que não chegou para extinguir as leis anteriores, mas para cumpri-las, fazê--las avançar, amadurecê-las ainda mais, para que atinjam a plenitude.

Quando Jesus fez este discurso, começou com a frase: "A sua justiça deve ser superior àquela que estão vendo agora, aquela dos escribas e fariseus". E se essa justiça não for superior, vocês se perderão, não entrarão no reino dos céus. Por isso, para aqueles que entram na vida cristã, aqueles que aceitam seguir esse caminho, há exigências superiores a todos os outros. E não vantagem superior!

Jesus menciona algumas, entre as quais a exigência da convivência, mas depois aponta também o problema da relação negativa com os irmãos. As palavras de Jesus não abrem brecha: "Vocês escutaram o que foi dito no passado: não matarão. Aquele que mata deve ser levado ao tribunal. Mas eu lhes digo que aquele que se põe contra seu irmão merece ser condenado, e aquele que o insulta merece ser castigado pelo tribunal".

PARTE II
A INJUSTIÇA DO MUNDO

Homem, quem você é? Já não o reconheço.
Quem você é, homem? Quem se tornou?
De que horrores foi capaz?
O que o fez cair tão baixo?
Discurso em Jerusalém, 26 de maio de 2014

A pobreza

Para mim, o coração do Evangelho é dos pobres.
Entrevista, 31 de março de 2014

A CULTURA DO DESCARTE

A cultura do descarte tende a se tornar a mentalidade comum, que contagia a todos. A vida humana, a pessoa, já não é sentida como um valor básico a ser respeitado e protegido, especialmente se é pobre ou deficiente, se ainda não é útil — como o nascituro — ou se já deixou de ser — como o idoso. Essa cultura do descarte também nos tornou insensíveis ao desperdício e aos restos alimentares, que ainda são mais criticáveis quando, em todas as partes do mundo, infelizmente, muitas pessoas e famílias sofrem devido à fome e à desnutrição. Antigamente, nossos avós eram muito cuidadosos em não descartar a comida que sobrava. O consumismo nos induziu a nos habituarmos ao supérfluo e ao esbanjamento cotidiano de alimentos, aos quais às vezes já não somos capazes de atribuir o devido valor, que vai além dos meros parâmetros econômicos. Recordemos bem: a comida que se descarta é como se fosse roubada da mesa de quem é pobre, daqueles que têm fome! Convido todos a refletir sobre o problema da perda e do desperdício de alimentos, para tentar encontrar caminhos e modos os quais, enfrentando seriamente esse problema, sejam veículo de solidariedade e de partilha com os mais necessitados.

No relato do milagre da multiplicação dos pães, Jesus dá de comer à multidão cinco pães e dois peixes. E a conclusão dessa passagem é importante: "Todos comeram e ficaram saciados, e foi recolhido o que sobrou dos pedaços: doze cestos!" (Lc 9,17). Jesus pede aos discípulos que nada se perca, nada se descarte!

Doze é o número das tribos de Israel e simbolicamente representa o povo inteiro. E isso nos revela que, quando o alimento é compartilhado de modo equitativo, com solidariedade, ninguém fica desprovido do que lhe é necessário, e cada comunidade pode ir ao encontro das necessidades dos mais pobres. Ecologia humana e ecologia ambiental caminham juntas.

Por isso, gostaria que todos nós assumíssemos seriamente o compromisso de respeitar e preservar a Criação, de prestar atenção em cada pessoa, de contrapor a cultura do desperdício e a do descarte, a fim de promover uma cultura da solidariedade e do encontro.

O ESCÂNDALO DA FOME

É um escândalo que ainda haja fome e desnutrição no mundo! Não se trata só de reagir a emergências imediatas, mas de enfrentarmos juntos, em todos os níveis, um problema que desafia nossa consciência pessoal e social, para chegar a uma solução justa e duradoura. Que ninguém seja obrigado a deixar a própria terra e seu ambiente cultural pela falta de meios de subsistência! Paradoxalmente, em uma época em que a globalização permite conhecer as situações de necessidade no mundo e multiplicar o intercâmbio e as relações humanas, parece crescer a tendência ao individualismo e ao fechamento, que leva a certa atitude de indiferença — a nível pessoal, institucional e governamental — em relação a quem morre de fome ou sofre de desnutrição, como se esse fato fosse inevitável. Mas a fome e a desnutrição nunca podem ser consideradas um fato normal ao qual nos habituamos, como se fizesse parte do sistema. Alguma coisa deve ser mudada em nós mesmos, em nossa mentalidade, em nossa sociedade. O que podemos fazer? Penso que um passo importante seria derrubar com firmeza as barreiras do individualismo, do fechamento em nós mesmos, da escravidão ao lucro a qualquer preço, não só nas dinâmicas das relações humanas, mas também nas dinâmicas econômico-financeiras globais. Penso que hoje, mais do que nunca, é necessário educar para a solidariedade, redescobrir o valor e o significado dessa palavra tão incômoda, e muitas vezes desprezada, e fazer dela uma disposição fundamental nas escolhas a nível político, econômico e financeiro, nas relações entre pessoas, povos e nações. Só sendo solidários no plano concreto, superando visões egoístas e interesses de parte, é que poderemos alcançar o objetivo de eliminar as formas de indigência causadas pela falta de alimentos. Solidariedade que não se reduz às diversas formas de assistência, mas que age para garantir que um número cada vez maior de pessoas possa ser economicamente independente.

OS ENSINAMENTOS DA POBREZA

A pobreza como superação de todos os egoísmos ensina, na lógica do Evangelho, a confiar na divina Providência. A pobreza é uma indicação a toda a Igreja de que não fomos nós que construímos o reino de Deus, de que não são os meios humanos que o fazem crescer, mas é essencialmente o poder, a graça do Senhor, que age através da nossa fragilidade. "Basta-te a minha graça, porque é na fraqueza que a minha força se revela totalmente", afirma o apóstolo das nações (2 Cor 12,9). A pobreza ensina a solidariedade, a partilha e a caridade, e se exprime também na sobriedade e na alegria pelo essencial, para advertir contra os ídolos materiais que ofuscam o sentido autêntico da vida. A pobreza se aprende com os humildes, os pobres, os doentes e os que vivem nas periferias existenciais da vida. A pobreza teórica não nos é útil. A pobreza se aprende quando tocarmos a carne de Cristo nos humildes, pobres e doentes e nas crianças.

PARA ELIMINAR A INJUSTIÇA

Ainda existem milhões de pessoas que sofrem e morrem de fome, e isso, caros amigos, é um verdadeiro escândalo! Portanto, é necessário encontrar meios para que todos possam se beneficiar dos frutos da terra, não apenas para evitar que se amplie o fosso entre os mais abastados e aqueles que precisam se contentar com as migalhas, mas também, e sobretudo, por uma questão de justiça e de equidade, bem como do respeito devido a cada ser humano.

Pode-se e deve-se fazer algo mais para estimular o esforço internacional em favor dos pobres, movidos não apenas pela boa vontade, mas, o que é pior, por promessas que muitas vezes não foram mantidas. Também não se pode continuar a apresentar como álibi, um álibi cotidiano, a atual crise global, da qual de resto não será possível sair completamente enquanto as situações e as condições de vida não forem consideradas levando-se em conta a pessoa humana e sua dignidade.

A pessoa e a dignidade humana correm o risco de se tornar uma abstração diante de questões como o uso da força, a guerra, a desnutrição, a marginalização, a violência, a violação das liberdades fundamentais ou a especulação financeira, que neste momento condiciona o preço dos alimentos, tratando-os como uma mercadoria qualquer, esquecendo-se de sua destinação primária. Nossa tarefa consiste em voltar a propor, no atual contexto internacional, a pessoa e a dignidade humana não como uma simples referência, mas como pilares sobre os quais construir regras que sejam compartilhadas e estruturas que, ultrapassando o pragmatismo ou os simples dados técnicos, sejam capazes de eliminar as divisões e preencher as lacunas existentes. Nesse mesmo sentido, é necessário contrastar os interesses econômicos míopes e as lógicas de poder de poucos que excluem a maioria da população mundial, gerando pobreza e marginalização com efeitos desagregadores na sociedade, assim como combater a corrupção, que produz privilégios para alguns e injustiças para muitos.

O GRITO DA POBREZA

Preciso viver no meio de gente e, se tivesse de viver sozinho, talvez um pouco isolado, isso não me faria bem. A mesma pergunta me fez um professor: "Por que você não vai morar lá [no Palácio Pontifício]?". Respondi: "Sinto muito, professor: por motivos psiquiátricos". É minha personalidade. Não posso viver sozinho, entende? Além disso, acho que é melhor assim: nossos dias nos falam de muita pobreza no mundo, e isso é um escândalo. A pobreza do mundo é um escândalo. Num mundo em que há tantas, tantas riquezas, tantos recursos para dar de comer a todos, não se pode entender que haja tantas crianças famintas, tantas crianças sem instrução, tantos pobres! Hoje, a pobreza é um grito. Todos nós devemos pensar se não podemos nos tornar um pouco mais pobres. Como posso me tornar um pouco mais pobre para me assemelhar mais a Jesus, que era o mestre pobre?

O CAMINHO DA POBREZA

Seguir Jesus significa colocá-Lo em primeiro lugar, despojar-se de muitas coisas que possuímos e que sufocam nosso coração, renunciar a nós mesmos, tomar a cruz e carregá-la com Jesus. Despojar-se do eu orgulhoso e se desapegar do desejo de ter, do dinheiro, que é um ídolo que possui.

Somos todos chamados a ser pobres, a nos despojar de nós mesmos; por isso, devemos aprender a estar com os pobres, a partilhar com quem não tem o necessário, a tocar a carne de Cristo! O cristão não é alguém que enche a boca com pobres! É alguém que se encontra com eles, que os olha de frente, que toca neles. Estou aqui não para "ser notícia", mas para indicar que esse é o caminho cristão, o caminho percorrido por São Francisco.

Se quisermos nos salvar do naufrágio, todos, e também nossa sociedade, que dá sinais de cansaço, devemos seguir o caminho da pobreza, que não é a miséria — esta deve ser combatida — mas é saber partilhar, ser mais solidário com quem está em necessidade, confiar em Deus e menos nas nossas forças humanas.

Nesse lugar que nos desafia, gostaria de rezar para que todo cristão, a Igreja, todo homem e mulher de boa vontade, saiba se despojar do que não é essencial, para ir ao encontro de quem é pobre e pede para ser amado.

COMBATE À POBREZA

Em muitas sociedades, percebemos uma profunda pobreza, devido à carência de sólidas relações familiares e comunitárias, e assistimos, preocupados, ao crescimento de diferentes tipos de carências, marginalização, solidão e várias formas de dependência patológica. Essa pobreza só pode ser superada através da redescoberta e da valorização de relações fraternas no seio das famílias e das comunidades, através da partilha das alegrias e tristezas, das dificuldades e dos sucessos presentes na vida das pessoas.

Além disso, se por um lado se verifica uma redução da pobreza absoluta, por outro não podemos deixar de reconhecer um grave aumento da pobreza relativa, isto é, de desigualdades entre pessoas e grupos que convivem numa região específica ou num determinado contexto histórico-cultural. Nesse sentido, devemos oferecer políticas eficazes que promovam o princípio da fraternidade, garantindo às pessoas — iguais em sua dignidade e em seus direitos fundamentais — acesso aos "capitais", aos serviços, aos recursos educativos, sanitários e tecnológicos, para que cada uma tenha a oportunidade de exprimir e realizar seu projeto de vida e possa se desenvolver plenamente como indivíduo.

Por último, há uma forma de promover a fraternidade — e, assim, vencer a pobreza — que deve estar na base de todas as outras. É o desapego, vivido por quem escolhe estilos de vida sóbrios e essenciais, por quem, partilhando suas riquezas, consegue dessa maneira experimentar a comunhão fraterna com os outros. Isso é fundamental para seguir Jesus Cristo e ser verdadeiramente cristão.

A indiferença

Que o grito dos pobres nunca nos deixe indiferentes.
Oração à Imaculada

A GLOBALIZAÇÃO DA INDIFERENÇA

Deus pergunta a cada um de nós: "Onde está o sangue do seu irmão que grita para Mim?". Hoje ninguém no mundo se sente responsável por isso; perdemos o sentido da responsabilidade fraterna; caímos na atitude hipócrita do sacerdote e do levita de que falava Jesus na parábola do bom samaritano: ao vermos o irmão quase morto à beira da estrada, talvez pensemos "coitado" e prossigamos nosso caminho; não é dever nosso. E isso basta para nos tranquilizar, para sentirmos a consciência em paz. A cultura do bem-estar, que nos leva a pensar em nós mesmos, nos torna insensíveis aos gritos dos outros, nos faz viver como se fôssemos bolhas de sabão: apesar de bonitas, são pura ilusão do fútil, do provisório. Essa cultura do bem-estar leva à indiferença pelos outros; aliás, leva à globalização da indiferença. Nesse mundo da globalização, caímos na globalização da indiferença. Habituamo-nos ao sofrimento do outro; ele não nos diz respeito, não nos interessa, não é responsabilidade nossa!

Somos uma sociedade que se esqueceu da experiência de chorar, de "padecer com": a globalização da indiferença nos destituiu da capacidade de chorar! No Evangelho, ouvimos o brado, o choro, o grande lamento: "Raquel chora por seus filhos [...], porque eles já não existem". Herodes semeou a morte para defender seu bem-estar, sua própria bolha de sabão. E isso continua a se repetir... Peçamos ao Senhor que apague também o que resta de Herodes em nosso coração; peçamos ao Senhor a graça de chorar pela nossa indiferença, de chorar pela crueldade que há no mundo, em nós, incluindo aqueles que, no anonimato, tomam decisões socioeconômicas que abrem caminho para dramas como este. "Quem chorou?" Quem chorou hoje no mundo?

A BANALIZAÇÃO DO SOFRIMENTO

Viver o Batismo a fundo — eis o segundo convite — que significa também não se habituar às situações de degradação e miséria que encontramos, quando caminhamos pelas ruas de nossas cidades e de nossos países. Permanece o risco de aceitarmos passivamente certos comportamentos, sem nos surpreendermos com a triste realidade que nos rodeia. Habituamo-nos à violência, como se ela fosse uma notícia diária normal. Acostumamo-nos com os irmãos e as irmãs que dormem ao relento, que não dispõem de um abrigo onde se refugiar. Habituamo-nos com os refugiados em busca de liberdade e de dignidade, que não são acolhidos como deveriam. Acostumamo-nos com uma sociedade que pretende viver sem Deus, na qual os pais já não ensinam seus filhos a rezar e nem sequer a fazer o sinal da cruz. Pergunto: seus filhos sabem fazer o sinal da cruz? Pensem nisso! Seus netos sabem fazer o sinal da cruz? Vocês ensinaram a eles o sinal da cruz? Pensem e respondam dentro do seu coração. Sabem recitar o Pai-Nosso? Sabem rezar para Nossa Senhora a Ave-Maria? Pensem e respondam para si próprios. Essa dependência de comportamentos cômodos e não cristãos entorpece nosso coração!

A Quaresma nos chega como um momento providencial para mudar de rota e recuperar a capacidade de reagir diante do mal que nos desafia sempre. A Quaresma deve ser vivida como um momento de mudança, de renovação pessoal e comunitária, mediante a aproximação a Deus e a adesão confiante ao Evangelho.

CONTRA A GUERRA

Há muitos conflitos que se consumam na indiferença geral.

Mas, enquanto circular uma quantidade tão grande, como a atual, de armamentos, sempre se poderá encontrar novos pretextos para iniciar as hostilidades. Por isso, faço meu o apelo, lançado pelos meus antecessores a favor da não proliferação das armas e do desarmamento total, começando pelo desarmamento nuclear e químico.

Não podemos, porém, deixar de constatar que os acordos internacionais e as leis nacionais, embora altamente desejáveis, por si só não bastam para preservar a humanidade do risco de conflitos armados. É preciso uma mudança no coração, que permita a cada um reconhecer no outro um irmão do qual cuidar e com o qual trabalhar, para que, juntos, construam uma vida de plenitude para todos. Esse é o espírito que inspira muitas das iniciativas da sociedade civil, incluindo as organizações religiosas, a favor da paz. Espero que o compromisso diário de todos continue a dar frutos e que se possa chegar também à efetiva aplicação, no direito internacional, da paz como um direito humano fundamental, pressuposto necessário para o exercício de todos os outros direitos.

A TENTAÇÃO DA INDIFERENÇA

"Felizes dos pobres de espírito...": para viver essa bem-aventurança, todos necessitamos de mudanças em relação aos pobres. Devemos cuidar deles e ser sensíveis às suas necessidades espirituais e materiais. A vocês, jovens, confio particularmente a tarefa de colocar a solidariedade no centro da cultura humana. Diante de antigas e novas formas de pobreza — desemprego, migração, dependências dos mais variados tipos —, temos o dever de permanecer vigilantes e conscientes, vencendo a tentação da indiferença. Pensemos também naqueles que não se sentem amados, não olham o futuro com esperança, renunciam a se comprometer na vida porque se sentem desanimados, desiludidos, temerosos. Devemos aprender a estar com os pobres. Não nos limitemos a pronunciar belas palavras sobre eles! Mas devemos nos encontrar com eles, fixá-los olhos nos olhos, ouvi--los. Para nós, os pobres são uma oportunidade concreta de encontrar o próprio Cristo, de tocar sua carne sofredora.

Mas — e chegamos ao terceiro ponto — os pobres não são pessoas a quem se possa apenas dar qualquer coisa. Eles têm muito a nos oferecer, a nos ensinar. Muito temos nós a aprender da sabedoria dos pobres!

EXAME DE CONSCIÊNCIA

Não é possível permanecer impassível, sabendo que existem seres humanos sendo tratados como mercadoria! Pensem na adoção de crianças para a remoção de órgãos, em mulheres enganadas e obrigadas a se prostituir, em trabalhadores explorados, sem direitos nem voz etc. Isso é tráfico humano! "A esse nível, há necessidade de um profundo exame de consciência: de fato, quantas vezes toleramos que um ser humano seja considerado um objeto, exposto para vender um produto ou satisfazer desejos imorais? O ser humano não deveria ser vendido e comprado como uma mercadoria. Quem o usa e explora, mesmo indiretamente, torna-se cúmplice dessa prepotência" (discurso aos novos embaixadores, 12 de dezembro de 2013). Se, depois, descemos ao nível familiar e entramos em casa, quantas vezes reina aí a prepotência! Pais que escravizam os filhos, filhos que escravizam os pais; esposos que, esquecidos de seu chamado para o dom, se exploram como se fossem um produto descartável, que se usa e se joga fora; idosos sem lugar, crianças e adolescentes sem voz. Quantos ataques aos valores fundamentais do tecido familiar e da própria convivência social! Sim, há necessidade de um profundo exame de consciência. Como se pode anunciar a alegria da Páscoa, sem se solidarizar com aqueles cuja liberdade aqui na Terra é negada?

A INDIFERENÇA DOS CRISTÃOS

Muitos católicos sem entusiasmo e amargurados repetem a si mesmos: "Vou à missa todo domingo, mas é melhor não me misturar! Tenho fé na minha saúde, mas não sinto necessidade de compartilhá-la: cada um na sua casa, tranquilo, mesmo porque se na vida você faz qualquer coisa, depois poderá ser repreendido: é melhor não arriscar!".

Esta é, justamente, a doença da preguiça dos cristãos, um comportamento que é paralisante para o zelo apostólico e torna os cristãos pessoas paradas, tranquilas, mas não no bom sentido da palavra: pessoas que não se preocupam em sair para anunciar o Evangelho. Pessoas anestesiadas.

Preguiça é tristeza. É o perfil dos cristãos tristes de alma, a quem agrada saborear a tristeza para se tornarem pessoas sem luz e negativas. E isso é uma doença para nós, cristãos: sim, vamos à missa todo domingo, mas dizemos: "Por favor, não me perturbe!". Os cristãos sem zelo apostólico não servem e não fazem bem à Igreja. Infelizmente, hoje são muitos os cristãos egoístas, que cometem o pecado da preguiça contra o zelo apostólico, contra a vontade de passar adiante a novidade de Jesus aos outros; a novidade que a mim foi dada gratuitamente.

O CHORO DAS CRIANÇAS

Infelizmente, neste mundo que desenvolveu as tecnologias mais sofisticadas, ainda há muitas crianças em condições desumanas, que vivem à margem da sociedade, na periferia das grandes cidades ou nas zonas rurais. Ainda hoje há muitas crianças exploradas, maltratadas, escravizadas, vítimas de violência e de tráfico. Muitas são hoje crianças exiladas, refugiadas, que por vezes afundaram no mar, especialmente nas águas do Mediterrâneo. De tudo isso nos envergonhamos hoje diante de Deus, Deus que Se fez menino.

E perguntemo-nos: quem somos diante de Jesus Menino? Quem somos diante das crianças de hoje? Somos como Maria e José, que acolhem Jesus e cuidam d'Ele com amor maternal e paternal? Ou somos como Herodes, que quer eliminá-Lo? Somos como os pastores, que se apressam em adorá-Lo, curvando-se diante d'Ele e oferecendo-Lhe seus humildes presentes? Ou ficamos indiferentes? Por acaso nos limitamos à retórica e ao pietismo, sendo pessoas que exploram a imagem das crianças pobres para fins lucrativos? Somos capazes de permanecer junto delas, de "perder tempo" com elas? Sabemos ouvi-las, defendê-las, rezar por elas e com elas? Ou as negligenciamos, preferindo nos ocupar de nossos interesses?

"Isso nos servirá de sinal: encontrarão um menino...". Talvez a criança chore! Chora porque tem fome, frio, porque quer colo... Também hoje as crianças choram (e muito!), e seu choro nos desafia. Num mundo que descarta diariamente toneladas de alimentos e remédios, há crianças que choram, sem ser preciso, de fome e por sofrer de doenças facilmente curáveis. Numa época que anuncia a tutela dos menores, são comercializadas armas que acabam nas mãos de crianças-soldados; são comercializados produtos confeccionados por pequenos trabalhadores-escravos. O choro desses meninos é sufocado! Têm que combater, têm que trabalhar, não podem chorar!

A JUSTIÇA É UMA RESPONSABILIDADE HUMANA

Somos todos filhos do único Pai celeste, fazemos parte da mesma família humana e compartilhamos um destino comum. Disso decorre, para cada um, a responsabilidade de agir, a fim de que o mundo se torne uma comunidade de irmãos que se respeitam, se aceitam na própria diversidade e se cuidam uns aos outros. Somos chamados também a dar conta da violência e da injustiça presente em muitas partes do mundo e que não podem nos deixar indiferentes ou imobilizados: é necessário o compromisso de todos para construir uma sociedade mais justa e solidária. Ontem recebi uma carta de um senhor, talvez um de vocês, que, ao me contar uma tragédia familiar, enumerava sucessivamente muitas tragédias e guerras de hoje, no mundo, e me perguntou: o que passa no coração do homem que faz tudo isso? E, no final, disse: "É hora de parar". Também eu acredito que nos fará bem acabar com esse caminho de violência e buscar a paz. Irmãos e irmãs, faço minhas as palavras desse homem: o que passa no coração do homem? O que passa no coração da humanidade? É hora de parar!

Hoje, de todos os cantos da terra, os devotos elevam orações para pedir ao Senhor o dom da paz e a capacidade de levá-la a toda parte. Neste primeiro dia do ano, que o Senhor nos ajude a nos dirigirmos todos juntos com mais decisão para o caminho da justiça e da paz. Comecemos em casa! Justiça e paz em casa, entre nós. Comecemos em casa e depois ampliemos para toda a humanidade. Que o Espírito Santo atue nos corações, abrande o que está fechado ou rígido e permita que nos enterneçamos diante da fragilidade do Menino Jesus. Pois a paz requer a força da mansidão, a força não violenta da verdade e do amor.

A marginalização

É nosso dever procurar construir juntos uma sociedade justa e humana, onde ninguém se sinta excluído ou marginalizado.
Declaração conjunta com o patriarca Bartolomeu I,
25 de maio de 2014

CRIANÇAS E IDOSOS

Crianças e idosos representam os dois polos da vida e são também os mais vulneráveis, com frequência os mais esquecidos.

Uma sociedade que abandona as crianças e marginaliza os idosos corta suas raízes e turva seu porvir. E vocês pensam no que faz nossa cultura hoje, não? Cada vez que uma criança é abandonada ou um idoso é marginalizado, realiza-se não apenas um ato de injustiça, mas se admite também a falência da sociedade. Cuidar das crianças e dos idosos é uma escolha da civilização. E é também o futuro, porque os pequeninos, as crianças, os jovens, levarão adiante a sociedade com sua força, sua juventude, enquanto os idosos a levarão adiante com sua sabedoria, sua memória, que eles devem transmitir a todos nós. A Igreja que cuida das crianças e dos idosos se torna mãe de gerações de fiéis e, ao mesmo tempo, serve a sociedade humana para que um espírito de amor, de familiaridade e de solidariedade ajude todos a redescobrir a paternidade e a maternidade de Deus.

COMBATER A EXCLUSÃO

Penso que, neste momento, a civilização mundial ultrapassou os limites, ultrapassou os limites porque criou tal culto ao deus dinheiro, que estamos na presença de uma filosofia e de uma prática de exclusão dos dois polos da vida que constituem a promessa dos povos. Com a exclusão dos idosos, obviamente, alguém poderia ser levado a pensar que nisso existe, oculta, uma espécie de eutanásia, ou seja, não se cuida dos idosos. Mas há também uma eutanásia cultural, porque não se permite que eles falem, não se permite que ajam. Sobre a exclusão dos jovens, a porcentagem de jovens sem trabalho, sem emprego, é muito alta, e temos uma geração que não tem experiência da dignidade ganha com o trabalho. Assim, essa civilização nos levou a excluir os dois vértices que são nosso futuro. Por isso os jovens devem se apresentar, devem se fazer valer; devem lutar por valores, por esses valores, e os idosos devem tomar a palavra e nos ensinar! Que eles nos transmitam a sabedoria dos povos!

Saibam que, neste momento vocês, jovens, e os idosos estão condenados ao mesmo destino: a exclusão. Não se deixem descartar. Claro, para isso vocês devem trabalhar.

A MENTALIDADE DO DESCARTE

Em muitas partes do mundo, parece não conhecer tréguas o grave ataque aos direitos humanos fundamentais, sobretudo ao direito à vida e à liberdade religiosa. Um exemplo preocupante é o dramático fenômeno do tráfico de seres humanos, de cuja vida e desespero se aproveitam pessoas inescrupulosas. Às guerras feitas de confrontos armados juntam-se guerras menos visíveis, mas não menos cruéis, que se realizam no campo econômico e financeiro com meios igualmente destruidores de vidas, famílias, empresas.

A globalização, como afirmou Bento XVI, nos torna vizinhos, mas não nos faz irmãos. As inúmeras situações de desigualdade, pobreza e injustiça indicam não só uma profunda carência de fraternidade, mas também a ausência de uma cultura de solidariedade. As novas ideologias, caracterizadas por individualismo generalizado, egocentrismo e consumismo materialista, enfraquecem os laços sociais, alimentando aquela mentalidade do "descartável" que induz ao desprezo e ao abandono dos mais frágeis, considerados "inúteis". Assim, a convivência humana se assemelha sempre mais a um mero toma lá dá cá pragmático e egoísta.

A PRIVAÇÃO DO AMOR

Em nossa sociedade estabeleceu-se a tirania de uma lógica econômica que, além de excluir, por vezes mata, e da qual muitíssimos são vítimas, começando pelos idosos. "Demos início à cultura do 'descarte', que é até mesmo estimulada. Não se trata simplesmente do fenômeno da exploração e da opressão, mas de algo novo: a exclusão das favelas, da periferia ou das minorias impossibilita a participação na sociedade em que se vive. Os excluídos não são 'explorados', mas sim rejeitados, 'restos'" (Exortação Apostólica *Evangelii gaudium*, n. 53). A situação sociodemográfica do envelhecimento nos revela claramente essa exclusão da pessoa idosa, especialmente quando doente, com deficiência, ou por qualquer outra vulnerabilidade. Muitas vezes esquecemos, de fato, que as relações entre os homens são sempre relações de dependência recíproca, que se manifestam em graus diversos durante a vida e surgem, sobretudo, nos momentos de idade avançada, doença, deficiência, sofrimento em geral. E isso requer que tanto nas relações interpessoais como nas relações comunitárias seja oferecida a ajuda necessária para tentar responder à necessidade que a pessoa apresenta no momento.

A falta de saúde e a deficiência não são jamais boas razões para a exclusão ou, pior, para a eliminação de uma pessoa; e a privação mais grave que as pessoas idosas sofrem não é o enfraquecimento do organismo e as deficiências que podem adquirir, mas o abandono, a exclusão, a privação do amor.

O ANTISSEMITISMO

A *shoá*, tragédia que permanece como símbolo de onde pode chegar a maldade do homem, quando, atiçado por falsas ideologias, esquece a dignidade fundamental das pessoas, que merecem respeito absoluto seja qual for o povo a que pertençam e a religião que professem. Peço a Deus que jamais se repita semelhante crime, de que foram vítimas em primeiro lugar judeus, mas também muitos cristãos e outras pessoas. Sempre tendo em mente o passado, promovamos uma educação onde a exclusão e o conflito deem lugar à inclusão e ao encontro, onde não haja lugar para o antissemitismo, seja qual for a forma como ele se manifeste, nem para qualquer expressão de hostilidade, discriminação ou intolerância contra indivíduos e povos.

Todos desejamos a paz. Muitas pessoas a constroem a cada dia com pequenos gestos. Muitos sofrem e suportam pacientemente a fadiga de tantas tentativas para construí-la. E todos — especialmente aqueles que estão a serviço do seu próprio povo — temos o dever de nos fazer instrumentos e construtores da paz, antes de mais nada, na oração. Construir a paz é difícil, mas viver sem ela é um tormento. Todos os homens e mulheres desta terra e do mundo inteiro nos pedem para levarmos à presença de Deus sua ardente aspiração pela paz.

OS CIGANOS

Os ciganos estão à margem da sociedade e, por vezes, são vistos com hostilidade e suspeita. Recordo muitas vezes, aqui em Roma, quando ciganos entravam no ônibus, e o motorista alertava: "Cuidado com a carteira!". Isso é desrespeito. Talvez seja verdade, mas é desrespeito...

Eles são pouco comprometidos com as dinâmicas políticas, econômicas e sociais do território. Sabemos que se trata de uma realidade complexa, mas, sem dúvida, também o povo cigano está chamado a contribuir para o bem comum, e isso só é possível por meio de caminhos de corresponsabilidade adequados, observando os deveres e promovendo os direitos de cada um.

Entre as causas que, na sociedade contemporânea, levam parte da população a situações de miséria, podemos identificar a falta de estruturas educacionais para a formação cultural e profissional, o acesso difícil à assistência médica, a discriminação no mercado do trabalho e a falta de alojamentos decentes. Ainda que esses flagelos do tecido social atinjam todos, indiscriminadamente, os grupos mais frágeis são aqueles que mais facilmente se tornam vítimas das renovadas formas de escravidão. Com efeito, são as pessoas menos protegidas que caem na armadilha da exploração, da mendicância forçada e de diversas formas de abuso. Os ciganos estão entre os mais vulneráveis, principalmente quando falta ajuda para a integração e a promoção dos indivíduos, nas várias dimensões da vida civil.

É aqui que entra a solicitude da Igreja. De fato, o Evangelho é o anúncio da alegria a todos e, de maneira particular, aos mais frágeis e marginalizados. Somos chamados a lhes assegurar nossa proximidade e nossa solidariedade, segundo o exemplo de Jesus Cristo, que lhes testemunhou a preferência do Pai.

É necessário que, para além dessa obra solidária em benefício do povo cigano, haja o compromisso por parte das instituições locais e nacionais, e o apoio da comunidade internacional, para encontrar programas e intervenções destinadas a melhorar a qualidade da vida. Perante as dificuldades e as privações dos irmãos, todos devem se sentir chamados a colocar no centro de sua atenção a dignidade de cada ser humano.

A corrupção

*Que o Senhor nos livre de escorregarmos
para o caminho da corrupção!*
Meditação matinal na capela Catedral de Santa Marta,
3 de junho de 2013

PECADORES E CORRUPTOS

Jesus observa o povo e se comove, porque o vê como "ovelhas sem pastor", como diz o Evangelho. E vai até os pobres, os doentes, a todos, as viúvas, os leprosos, para curá-los. E fala com eles com uma palavra tal que provoca a admiração no povo: "Mas este fala como alguém que tem autoridade!", fala de forma diferente da classe governante, que se afastou do povo. E era apenas por interesse em suas coisas: em seus grupos, seus partidos, seus conflitos internos. E o povo, ali... havia abandonado o rebanho. E essas pessoas eram pecadoras? Sim. Somos todos pecadores. Todos que estamos aqui. Mas esses eram mais que pecadores: o coração dessas pessoas, desse pequeno grupo, com o tempo havia endurecido tanto, que era impossível escutar a voz do Senhor. E como pecadores, haviam escorregado, tornando-se corruptos.

É muito difícil que um corrupto volte a ser como antes. O pecador, sim, porque o Senhor é misericordioso e nos aguarda a todos. O corrupto, no entanto, está fixado em suas coisas, e esses eram corruptos. E por isso se justificaram, porque Jesus, com sua simplicidade, mas com sua força de Deus, os incomodou. E, pouco a pouco, foram se convencendo de que deviam matar Jesus, e um deles disse: "É melhor que um homem morra pelo povo".

Eles tomaram o caminho errado. Resistiram à salvação do amor do Senhor e assim se esquivaram da fé, de uma teologia da fé, de uma teologia do dever.

O PÃO SUJO DA CORRUPÇÃO

Os administradores corruptos, "devotos da deusa ilegalidade", cometem um pecado grave contra a dignidade e dão de comer "pão sujo" aos próprios filhos. A essa "astúcia mundana" deve-se responder com a "astúcia cristã", que é "um dom do Espírito Santo".

No início, pode ser que o suborno seja pequeno, mas funciona como uma droga. E, ainda que a primeira propina seja "pequena, depois vêm outra e mais outra, até que o sujeito acaba imerso na doença da dependência da ilegalidade".

Estamos diante de um pecado muito grave, porque vai contra a dignidade, a dignidade que nos leva ao trabalho. E ela não leva ao suborno, esse vício da astúcia mundana. Quando lemos nos jornais ou assistimos na televisão alguém que escreve ou fala sobre corrupção, pensamos nela como uma palavra qualquer. Mas corrupção é isto: receber o pão sem dignidade.

Hoje, talvez faça bem a todos nós rezar pelas muitas crianças e jovens que recebem dos pais pão sujo. Mesmo eles têm fome. Fome de dignidade. Rezemos para que o Senhor mude o coração dos devotos do deus da corrupção para que compreendam que a dignidade vem do trabalho digno, do trabalho honesto, do trabalho diário, e não desses caminhos mais fáceis que, no fim, lhes tiram tudo.

A VIDA DUPLA DOS CORRUPTOS

Onde há engano não está o Espírito de Deus. Essa é a diferença entre o pecador e o corrupto. Quem leva uma vida dupla é corrupto. Quem peca, ao contrário, gostaria de não pecar, mas ou é fraco ou se encontra numa condição para a qual não vê saída, mas vai ter com o Senhor e pede perdão. Este o Senhor ama, acompanha, está com ele. E nós devemos dizer, todos nós que estamos aqui: pecadores sim, corruptos não.

Os corruptos não conhecem a humildade. Jesus comparava-os com as sepulturas caiadas: bonitas por fora, mas cheias de ossos podres por dentro. E um cristão que se vangloria de ser cristão, mas não leva uma vida cristã, é um corrupto.

Todos conhecemos alguém que está nessa situação, e sabemos quanto mal fazem à Igreja os cristãos corruptos, os sacerdotes corruptos. Eles não vivem no espírito do Evangelho, mas no espírito da mundanidade.

Uma podridão envernizada: essa é a vida do corrupto. E estes, Jesus não chamava simplesmente de pecadores, mas lhes dizia: hipócritas. Jesus perdoa sempre, não se cansa de perdoar. A única condição que pede é que não queiramos levar essa vida dupla. Peçamos hoje ao Senhor que evitemos todos os enganos, que nos reconheçamos pecadores. Pecadores sim, corruptos não.

CRISTÃOS CORRUPTOS

Os corruptos, aqueles que foram pecadores como todos nós, deram um passo adiante: se consolidaram no pecado e não sentem necessidade de Deus. Ou, ao menos, se iludem em não sentir isso, porque no código genético existe essa ligação com Deus. E, assim, como não podem negá-Lo, criam um Deus especial: eles mesmos.

Assim são os corruptos. E esse é um perigo para nós também: nos tornarmos corruptos. A corrupção existe nas comunidades cristãs e causa muito mal. Jesus falou aos doutores das leis, aos fariseus, que eles eram corruptos. Disse a eles que eram sepulturas caiadas. E, nas comunidades cristãs, os corruptos são assim. Dizem: "Ah, é um bom cristão, faz parte desta irmandade, é um de nós". Mas não: só servem aos próprios interesses. Judas começou como um pecador avarento e terminou na corrupção. É uma estrada perigosa, a estrada da autonomia. Os corruptos são grandes desmemoriados; se esqueceram do amor com o qual o Senhor os fez. Cortaram a ligação com esse amor. E se tornaram adoradores de si mesmos. Quanto mal os corruptos causam à comunidade cristã!

A LINGUAGEM DA CORRUPÇÃO

A hipocrisia é a língua dos corruptos. Eles não gostam da verdade. Amam só a si mesmos e assim procuram enganar, envolver o outro, na sua mentira, na sua farsa. Têm o coração mentiroso; não podem dizer a verdade. A hipocrisia é a língua dos corruptos. Satanás a usou depois do jejum no deserto: "Tens fome: podes transformar esta pedra em pão..."; "Para que tanto trabalho, lança-te do templo...". Essa linguagem, que parece persuasiva, produz erro, mentira.

Portanto, a hipocrisia é a linguagem da corrupção e certamente não a linguagem da verdade, porque a verdade nunca vem sozinha, mas sempre com amor. Não há verdade sem amor. O amor é a primeira verdade. E se não há amor, não há verdade.

Os hipócritas desejam uma verdade escrava de seus próprios interesses. Mesmos neles há uma forma de amor; mas é um amor por si próprios, uma espécie de idolatria narcisista, que os leva a trair os outros e leva ao abuso da confiança. Ao contrário, a suavidade que Jesus deseja de nós não tem nada a ver com essa adulação, com esse modo adocicado de ir adiante. A delicadeza é simples, como a de uma criança. Uma criança não é hipócrita, porque não é corrupta. Quando

Jesus nos diz: "A fala de vocês era: sim, sim, não, não, como a de uma criança", nos diz o contrário do que dizem os corruptos.

Todos nós, na verdade, temos certa fraqueza interior e nos agrada ouvir coisas boas sobre nós. E a todos agrada, porque, no fundo, temos todos um quê de vaidade. Os corruptos sabem disso e, com sua linguagem, procuram nos enfraquecer.

AS TEIAS DA CORRUPÇÃO

As bem-aventuranças são a carteira de identidade dos cristãos.

Jesus fala com toda a simplicidade e faz uma paráfrase, um comentário sobre dois grandes mandamentos: amar ao Senhor e amar ao próximo. Assim, se algum de nós pergunta: "Como faço para me tornar um bom cristão?", a resposta é simples: deve-se fazer o que disse Jesus no discurso das bem-aventuranças.

Esse discurso vai contra a corrente no que diz respeito ao que é habitual, ao que se pratica no mundo.

"Bem-aventurados aqueles que têm fome e sede de justiça" é outra grande afirmação de Jesus, dirigida aos muitos que lutam pela justiça, para que exista justiça no mundo. A realidade nos mostra quão fácil é cair nas teias da corrupção, fazer parte daquela política cotidiana, do "toma lá dá cá", onde tudo é negócio. E quantas pessoas sofrem com essa injustiça! Diante disso, Jesus disse: "Bem-aventurados sejam os que combatem essas injustiças".

Chamando de bem-aventurados os que perseguem a justiça, Jesus recorda quantas pessoas são, e foram, perseguidas simplesmente por terem lutado pela justiça.

Esse é o plano de vida que Jesus nos propõe. Um plano muito simples e ao mesmo tempo muito difícil. E, se quisermos algo mais, Jesus também nos dá outras indicações, em particular as regras segundo as quais seremos julgados, que se encontram no capítulo 25 do Evangelho de Mateus: "Tive fome e me destes de comer; tive sede e me destes de beber; estive doente e me visitastes; estive preso e fostes me ver".

Esse é o caminho para viver a vida cristã no nível de santidade. De resto, os santos não fizeram outra coisa senão viver as bem-aventuranças e as regras do juízo final. São poucas palavras, palavras simples, mas práticas para todos, porque o cristianismo é uma religião prática, uma religião para praticar, para fazer, e não só para pensar.

O dinheiro

*Nunca vi um caminhão de mudança atrás
de um cortejo fúnebre.*
Meditação matinal na capela da Catedral de Santa Marta,
21 de junho de 2013

OU DEUS OU O DINHEIRO

É preciso estar atento à tentação de idolatrar o dinheiro.

Há algo na atitude de amor ao dinheiro que nos afasta de Deus.

Aqueles que desejam enriquecer, caem na tentação do engano de muitos desejos insensatos e prejudiciais, que levam o homem a se afogar nas ruínas e na perdição.

A cobiça, aliás, é a raiz de todo o mal. Tomados por esse desejo, alguns se desviam da fé e experimentam muitos tormentos. É tão grande o poder do dinheiro que ele o faz desviar da pura fé. Tolhe e enfraquece sua fé, e você a perde.

O dinheiro corrompe. Não há como escapar. Se você escolher esse caminho, acabará se tornando corrupto. O dinheiro tem esse poder de seduzir e fazê-lo escorregar lentamente para a perdição. E por isso Jesus era muito decidido: você não pode servir a Deus e ao dinheiro: ou um ou outro. E isso não é comunismo; é puro Evangelho. Essas são as palavras de Jesus.

Mas o que acontece então com o dinheiro? O dinheiro oferece certo bem-estar: faz bem, você se sente um pouco importante e depois vem a vaidade. Essa vaidade não lhe serve, mas o faz se sentir importante. Vaidade, orgulho, riqueza: é o que ostentam os homens descritos no salmo: aqueles que confiam em sua força e se vangloriam de sua grande riqueza. Mas então qual é a verdade? A verdade é que ninguém pode redimir a si mesmo, nem pagar a Deus o próprio preço. Cara demais seria a redenção de uma vida. Ninguém pode se salvar com o dinheiro, nem que seja forte a tentação de perseguir a riqueza para se sentir suficiente, a vaidade para se sentir importante, e, por fim, o orgulho e a soberba.

Os primeiros Padres da Igreja diziam palavras fortes: o dinheiro é o esterco do diabo. Porque, ao nos levar a idolatrá-lo, deixa nossa mente doente com o orgulho, nos torna obcecados por questões sem sentido e nos afasta da fé. Corrompe. O apóstolo Paulo nos aconselha, ao contrário, a nos predispormos à justiça, à piedade, à fé, à caridade, à paciência.

A DITADURA DA ECONOMIA

A adoração ao antigo bezerro de ouro (cf. Ex 32,1-8) encontrou uma nova e cruel versão na idolatria ao dinheiro e na ditadura de uma economia realmente sem feição nem finalidade humana.

A crise mundial que envolve as finanças e a economia parece evidenciar suas deformações e, sobretudo, sua grave carência de perspectiva antropológica, que reduz o homem a uma única exigência: o consumo. Pior, hoje o próprio ser humano é visto como um bem de consumo, que se pode usar e jogar fora. Inauguramos a cultura do descarte. Esse desvio se verifica tanto no plano individual como no social, e goza de preferência! Em tal contexto, a solidariedade, que é o tesouro dos pobres, acaba muitas vezes sendo considerada contraproducente e contrária à racionalidade financeira e econômica. Enquanto os rendimentos de uma minoria crescem de forma exponencial, os da maioria mínguam. Esse desequilíbrio deriva de ideologias que promovem a autonomia absoluta dos mercados e a especulação financeira, negando assim o direito de controle aos Estados, que têm justamente a responsabilidade de prover o bem comum. Instaura-se uma nova tirania, invisível e às vezes virtual, que impõe, unilateralmente e sem recurso possível, suas leis e regras. Além disso, a dívida e o crédito afastam os países de sua economia real, e os cidadãos de seu real poder de compra. Depois, vem se juntar a isso uma corrupção tentacular e uma evasão fiscal egoísta, que assumiram dimensões mundiais. A avidez de poder e riqueza não conhece limites.

O RICO SEM NOME

Todos nós corremos o risco de nos acomodar, o risco da comodidade, da mundanidade na vida e no coração, de ter como centro nosso bem-estar. É a própria experiência do rico do Evangelho, que vestia roupas de luxo e todo dia se banqueteava lautamente; para ele, era isso o que importava. E o pobre que estava à sua porta e não tinha com que matar a fome? Não era com ele, não lhe dizia respeito. Se as coisas, o dinheiro, a mundanidade, se tornam o centro da vida, eles se apoderam de nós, nos dominam, e perdemos nossa identidade de homens: observe que o rico do Evangelho não tem nome; é simplesmente "um rico". As coisas, aquilo que ele possui, são seu rosto; ele não tem outro.

Mas tentemos descobrir: como isso acontece? Como os homens, talvez nós mesmos, caímos no perigo de nos fechar, de colocar nossa segurança nas coisas, que no fim nos roubam o rosto, nosso rosto humano? Isso acontece quando perdemos a memória de Deus. "Ai daqueles que vivem comodamente em Sião", dizia o profeta. Se a memória de Deus falta, tudo se rebaixa, se nivela pelo eu, pelo meu bem-estar. A vida, o mundo, os outros perdem a consistência, já não servem para nada, e tudo se reduz a uma única dimensão: o ter. Se perdemos a memória de Deus, também perdemos a consistência, nos esvaziamos, perdemos nosso rosto, como o rico do Evangelho! Quem corre atrás do nada, torna-se ele próprio uma nulidade, diz outro grande profeta, Jeremias (cf. Jr 2,5). Somos feitos à imagem e semelhança de Deus, não à imagem e semelhança das coisas, dos ídolos!

A SUPERAÇÃO DO INTERESSE INDIVIDUAL

As graves crises financeiras e econômicas dos nossos dias — que têm origem no progressivo afastamento do homem de Deus e do próximo, na ambição desmedida por bens materiais, por um lado, e no empobrecimento das relações interpessoais e comunitárias, por outro — impeliram muitas pessoas a buscar o bem-estar, a felicidade e a segurança no consumo e no lucro, fora de toda lógica de uma economia saudável.

As sucessivas crises econômicas podem oferecer oportunidades para repensarmos adequadamente os modelos de desenvolvimento econômico e mudarmos nosso estilo de vida. A crise atual, com pesadas consequências para a vida das pessoas, pode ser também uma ocasião propícia para recuperarmos as virtudes da prudência, da temperança, da justiça e da força. Elas podem nos ajudar a superar os momentos difíceis e a redescobrir os laços fraternos que nos unem uns aos outros, com a confiança profunda de que o homem tem necessidade e é capaz de algo mais do que a maximização do lucro individual. As referidas virtudes são necessárias sobretudo para construir e manter uma sociedade na medida da dignidade humana.

A CULTURA DO BEM-ESTAR

As riquezas são um impedimento, algo que facilita o caminho para o reino de Deus. Cada um de nós tem suas riquezas, mas se trata, com frequência, de riquezas que nos impedem de andar próximos a Jesus e que muitas vezes trazem tristeza.

Devemos todos fazer um exame de consciência sobre quais riquezas nos impedem de nos aproximarmos de Jesus na estrada da vida. Trata-se de riquezas que vêm da nossa cultura. A primeira delas é o bem-estar. A cultura do bem-estar nos torna pouco corajosos, preguiçosos e egoístas. Muitas vezes, o bem-estar nos anestesia, porque, no final das contas, o bem-estar significa se sentir bem. Mesmo frente à escolha de ter um filho, normalmente nos deixamos condicionar pelo bem-estar. Imaginemos um diálogo entre um casal: "Não, não, mais de um filho, não! Não vamos poder viajar, não vamos poder sair, não vamos poder comprar uma casa; definitivamente, não! Tudo bem seguir o Senhor, mas só até certo ponto...". É isso o que o bem-estar faz. Sabemos todos muito bem como o bem-estar atua. Mas isso nos joga para baixo, nos priva de coragem, daquela coragem forte de andarmos próximos de Jesus. E, assim, esta é a primeira riqueza da nossa cultura atual: a cultura do bem-estar.

RIQUEZA E FUTURO

O capítulo 13 de São Mateus menciona Jesus explicando aos discípulos a parábola do semeador. Ele diz que a semente que cai sobre a terra que tem espinhos sufoca. Mas quem a sufoca? Jesus diz: "As riquezas e as preocupações do mundo". Nota-se que Jesus tinha uma ideia clara sobre o assunto.

Portanto, as riquezas e as preocupações do mundo sufocam a palavra de Deus. E não a deixam crescer. E a palavra morre porque não é mantida em segurança, mas sufocada. Nesse caso, serve-se à riqueza ou à preocupação mundana, mas não à palavra de Deus.

O que fazem em nós as riquezas e o que fazem as preocupações? Simplesmente nos tiram do tempo.

Àquele que é apegado às riquezas não interessa o passado nem o futuro, pois ele tem tudo. A riqueza é um ídolo. Este não precisa de passado, de promessas, de eleições, de futuro, de nada. Por isso Jesus nos disse: "Ou Deus ou a riqueza, ou o reino de Deus e sua justiça ou a preocupação". Ele simplesmente nos convida a aceitar o grande presente que ele nos deu: sermos seus eleitos. Com o Batismo somos eleitos no amor.

Recordemos bem: a semente que cai sobre espinhos sufoca, sufoca nas riquezas e nas preocupações do mundo, dois elementos que levam ao esquecimento do passado e do futuro. Assim, temos um Pai, mas vivemos como se não tivéssemos, e nosso futuro é incerto. Dessa forma, também o presente é algo que não dá certo.

Devemos confiar no Senhor, que disse: "Tranquilos, procurem o reino de Deus, Sua justiça. Todo o resto virá".

A violência

Em toda violência e em toda guerra fazemos Caim renascer.
Homilia na vigília de oração pela paz,
7 de setembro de 2013

A INJUSTIÇA PROVOCA VIOLÊNCIA

Hoje, em muitos lugares se clama por mais segurança. Mas, enquanto não se eliminar a exclusão e a desigualdade dentro da sociedade e entre os vários povos, será impossível erradicar a violência. Acusam-se de violência os despossuídos e as populações mais pobres, mas, sem igualdade de oportunidades, as várias formas de agressão e de guerra encontrarão um terreno fértil que, mais cedo ou mais tarde, hão de provocar uma explosão. Quando a sociedade — local, nacional ou mundial — abandona na periferia parte de si mesma, não há programas políticos nem leis ou serviços secretos que possam garantir indefinidamente a tranquilidade. Isso acontece não apenas porque a desigualdade social provoca a reação violenta de quantos são excluídos do sistema, mas porque o sistema social e econômico é injusto na sua raiz. Assim como o bem tende a se difundir, também o mal consentido, que é a injustiça, tende a expandir sua força nociva e a minar silenciosamente as bases de qualquer sistema político e social, por mais sólido que ele pareça. Se cada ação tem consequências, um mal entranhado nas estruturas de uma sociedade sempre tem um potencial de dissolução e de morte. É o mal cristalizado nas estruturas sociais injustas, a partir do qual não podemos esperar um futuro melhor. Estamos longe do chamado "final da história", já que as condições para um desenvolvimento sustentável e pacífico ainda não estão adequadamente implantadas e realizadas.

A VIOLÊNCIA NOS PAÍSES AFRICANOS

Os cristãos são chamados a dar testemunho do amor e da misericórdia divina. Não se deve jamais desistir de praticar o bem, mesmo que seja difícil e sejamos vítimas de atos de intolerância, senão de verdadeira perseguição. Em vastas áreas da Nigéria, a violência não cessa, e muito sangue inocente continua a ser derramado. À minha mente vem sobretudo a República Centro-Africana, onde a população sofre por causa das tensões que o país atravessa e que já semearam destruição e morte, em várias ocasiões. Ao mesmo tempo que asseguro minha oração pelas vítimas e pelos numerosos desabrigados, forçados a viver em condições de indigência, espero que o interesse da comunidade internacional contribua para fazer cessar a violência, restaurar o estado de direito e garantir a chegada de ajuda humanitária, mesmo às zonas mais remotas do país. Por sua vez, a Igreja católica continuará assegurando sua presença e colaboração, empenhando-se generosamente para fornecer toda a ajuda possível à população e sobretudo para reconstruir um clima de reconciliação e de paz entre todos os componentes da sociedade. Reconciliação e paz aparecem como prioridades fundamentais também em outras regiões do continente africano. Refiro-me particularmente ao Mali, onde já se nota a positiva restauração das estruturas democráticas, e também ao Sudão do Sul, onde, pelo contrário, a instabilidade política do último período já provocou numerosos mortos e uma nova emergência humanitária.

O DIÁLOGO CONTRA A VIOLÊNCIA

Nunca podemos nos resignar diante do sofrimento de povos inteiros, reféns da guerra, da miséria e da exploração. Não podemos assistir indiferentes e impotentes ao drama de crianças, famílias e idosos atingidos pela violência. Não podemos deixar que o terrorismo aprisione o coração de alguns violentos e semeie a dor e a morte entre muitos. De modo especial, digamos todos, vigorosa e continuamente, não pode existir nenhuma justificativa religiosa para a violência, independentemente do modo como ela se manifesta.

É necessário eliminar todas as formas de violência motivada pela religião e, juntos, vigiar para que o mundo não se torne vítima da violência contida em todos os projetos civilizatórios baseados na negação de Deus.

Como responsáveis pelas várias religiões, podemos fazer muito. A paz é responsabilidade de todos. Rezar pela paz, trabalhar pela paz! O líder religioso é sempre um homem de paz, pois o mandamento da paz está inscrito nas profundezas das tradições religiosas que representamos. Mas o que podemos fazer? Nosso encontro anual nos sugere um caminho: a coragem do diálogo, do diálogo que incute esperança. No mundo e nas sociedades existe pouca paz, também porque falta diálogo e há dificuldade de sair do horizonte limitado dos próprios interesses, para se abrir a um confronto verdadeiro e sincero. Para que haja paz, é preciso um diálogo persistente, paciente, forte e inteligente, a partir do qual nada está perdido. O diálogo pode vencer a guerra. O diálogo faz viverem juntas pessoas de diferentes gerações, que muitas vezes se ignoram umas às outras; faz viverem juntos cidadãos de diversas etnias, de várias crenças. O diálogo é o caminho da paz, porque favorece o entendimento, a harmonia, a concórdia e a paz. Por isso, é vital que ele cresça, que se desenvolva no meio de pessoas de todas as condições e convicções, como uma rede que protege o mundo e os mais frágeis.

A VOLTA DE CAIM

Deus pergunta à consciência do homem: "Onde está teu irmão Abel?". E Caim responde "Não sei. Acaso sou guarda de meu irmão?" (Gn 4,9). Essa pergunta também se dirige a nós e também a nós fará bem perguntar: "Acaso sou guarda de meu irmão?". Sim, você é o guarda do seu irmão! Sermos pessoas significa sermos guardas uns dos outros! Contudo, quando se quebra a harmonia, se produz uma metamorfose: o irmão que devíamos guardar e amar se transforma em um adversário a combater, a eliminar. Quanta violência surge a partir desse momento, quantos conflitos, quantas guerras marcaram nossa história! Basta ver o sofrimento de tantos irmãos e irmãs. Não se trata de algo conjuntural, mas a verdade é esta: em toda violência e em toda guerra fazemos Caim renascer. Todos! E ainda hoje prolongamos esse confronto entre irmãos, ainda hoje levantamos a mão contra quem é nosso irmão. Ainda hoje nos deixamos guiar pelos ídolos, pelo egoísmo, pelos nossos interesses; e essa atitude se faz mais aguda: aperfeiçoamos nossas armas, nossa consciência adormeceu, tornamos mais sutis nossas razões para nos justificar. Como fosse uma coisa normal, continuamos a semear destruição, dor, morte! A violência e a guerra trazem somente morte, falam de morte! A violência e a guerra têm a linguagem da morte!

GUERRA E ECONOMIA

A economia mundial só poderá se desenvolver realmente quando for capaz de proporcionar uma vida digna a todos os seres humanos, dos mais idosos às crianças ainda no seio materno, não só aos cidadãos dos países-membros do G20, mas a todo habitante da Terra, incluindo os que se encontram nas situações sociais mais difíceis ou nos lugares mais longínquos.

Sob essa perspectiva, torna-se claro que, na vida dos povos, os conflitos armados constituem sempre a deliberada negação de qualquer acordo internacional possível, originando divisões profundas e feridas dilacerantes, que levam muitos anos para cicatrizar. As guerras constituem a rejeição prática ao compromisso de alcançar aquelas grandes metas econômicas e sociais que a comunidade internacional estabeleceu, tais como o Millenium Development Goals. Infelizmente, os numerosos conflitos armados que ainda hoje afligem o mundo nos apresentam, diariamente, uma dramática imagem de miséria, fome, doenças e morte. Com efeito, sem paz não há qualquer tipo de desenvolvimento econômico. A violência nunca leva à paz, condição necessária para que esse desenvolvimento ocorra.

A FALSA PAZ NO MUNDO

A paz no mundo é um pouco superficial, não toca o fundo da alma. Por isso, é uma paz que busca certa tranquilidade e também certa alegria, mas apenas até determinado nível.

Um tipo de paz que o mundo oferece, por exemplo, é a paz da riqueza, que me leva a pensar: "Estou em paz, porque tenho tudo organizado, tenho como me sustentar até o resto da vida, não preciso me preocupar!". Essa ideia de paz parte de uma convicção: "Não se preocupe; você não terá problemas porque tem muito dinheiro!". No entanto, Jesus nos adverte para não acreditarmos nessa paz, já que diz, com grande realismo: "Cuidado com os ladrões! Os ladrões vão roubar suas riquezas!". É por isso que a paz que o dinheiro traz não é uma paz definitiva.

De resto, não esqueçamos que o metal enferruja. E basta um colapso da bolsa para que todo o seu dinheiro evapore.

Outra paz que o mundo oferece é a do poder. E assim chegamos a pensar: "Tenho poder, com certeza; comando isto e aquilo, sou respeitado: estou em paz".

Um terceiro tipo de paz que o mundo dá é a da vaidade, que nos leva a dizer a nós mesmos: "Sou querido, tenho muito valor, sou uma pessoa que todo mundo respeita e, quando vou a recepções, todos me cumprimentam".

O ESPÍRITO DA GUERRA

Escandalizar-se com os milhares de mortos na Primeira Guerra Mundial faz pouco sentido se não nos escandalizamos com os mortos nas muitas pequenas guerras atuais. E são guerras que estão levando a morrer de fome muitíssimas crianças nos campos de refugiados, enquanto os vendedores de armas fazem a festa.

De fato, todos os dias encontramos guerras nos jornais. E lemos que este lugar foi dividido em dois e ali morreram cinquenta pessoas, e naquele lugar houve outras vítimas, e por aí vai. De tal maneira que, normalmente, os mortos parecem fazer parte de uma contabilidade cotidiana. E estamos acostumados a ler essas coisas. Se tivéssemos a paciência de listar todas as guerras que acontecem neste momento no mundo, certamente gastaríamos várias páginas.

Parece que o espírito da guerra se apoderou de nós. Ocorrem atos para comemorar o centenário daquela grande guerra, com tantos milhares de mortos, e todos ficam escandalizados. Apesar disso, hoje acontece o mesmo: em vez de uma grande guerra existem pequenas guerras por todo canto. Há povos divididos que, para conservar os próprios interesses, se matam, se suicidam entre si.

A paixão nos leva à guerra, ao espírito do mundo. Assim, habitualmente, diante de um conflito, nos encontramos em uma situação curiosa, que nos empurra a continuar a resolvê-la lutando, com a linguagem de guerra. Deveria, ao contrário, prevalecer a linguagem da paz. E quais são as consequências? Pensem nas crianças com fome nos campos de refugiados: pensem nisso apenas! Esse é o resultado da guerra! E, se quiserem, pensem nos grandes salões, nas festas que organizam aqueles que são os donos das indústrias armamentistas, que fabricam as armas. As consequências da guerra então são, de um lado, a criança doente, com fome em um campo de refugiados, e do outro, as grandes festas e a bela vida dos fabricantes de armas.

A VIOLÊNCIA DAS PALAVRAS

São hipócritas aqueles que vivem julgando o próximo e falando mal dele. Fazem isso os que não possuem a força e a coragem de admitir os próprios defeitos. O Senhor não falou sobre isso com tantas palavras. Mais adiante, ele dirá: aquele que em seu coração possui ódio contra um irmão é um homicida. O apóstolo João também disse isso muito claramente em sua primeira carta: quem odeia seu irmão, caminha nas trevas. Quem julga seu irmão, é um homicida. Então, algumas vezes julgamos nossos irmãos em nosso coração ou, pior ainda, fazemos isso quando conversando com os outros, e isso nos torna cristãos homicidas. Isso não sou eu quem diz, mas o Senhor. Nessa questão, não há espaço para nuances: se você fala mal de seu irmão, está matando seu irmão. E toda vez que fazemos isso, estamos imitando o gesto de Caim, o primeiro homicida.

Hoje discutimos muito as guerras que provocam vítimas no mundo, sobretudo entre as crianças, e que forçam muitos a fugir em busca de asilo. Como é possível alguém pensar que tem o direito de matar, falando mal dos outros, de provocar a guerra cotidiana do mexerico? De fato, os maledicentes caminham sempre na direção da criminalidade. Não há maledicentes inocentes. Isso é puro Evangelho. Nesses tempos em que pedimos tanto pela paz, é necessário, talvez, um gesto de mudança. E entre os "nãos" contra todos os tipos de arma, digamos "não" também ao mexerico, porque ele é fatal.

O DRAMA DA GUERRA

Ficamos profundamente tocados com os dramas e as feridas do nosso tempo, especialmente aqueles provocados pelos conflitos ainda em curso no Oriente Médio. Penso, em primeiro lugar, na amada Síria, dilacerada por uma luta fratricida que dura três anos e já ceifou inúmeras vítimas, obrigando milhões de pessoas a se refugiar em outros países. Todos desejamos a paz! Mas, vendo esse drama da guerra, vendo essas feridas, vendo tantas pessoas que deixaram sua pátria, forçadas a partir, eu me pergunto: quem vende as armas a essa gente? Eis a raiz do mal: o ódio e a avidez do dinheiro, na fabricação e na venda de armas! Isso nos leva a pensar em quem está por trás, em quem fornece, a todos aqueles que estão em conflito, as armas para que o conflito continue! Pensamos e, do fundo do coração, dizemos também uma palavra a essa pobre gente criminosa, para que se converta.

Que a violência cesse, e o direito humanitário seja respeitado, garantindo a necessária assistência à população que sofre! Deixem todos de lado a pretensão de delegar às armas a solução dos problemas e voltem ao caminho da negociação. Na realidade, a solução só pode vir do diálogo e da moderação, da compaixão por quem sofre, da busca por uma solução política e do sentido de responsabilidade pelos irmãos. Deus, converta os violentos! Que Deus converta aqueles que têm projetos de guerra! Que Deus converta aqueles que fabricam e vendem as armas e fortaleça os corações e as mentes dos obreiros da paz e os recompense com todas as bênçãos. Que o Senhor os abençoe a todos!

A migração

*Rezemos para que exista um coração
que abrace os imigrantes.*
Twitter, 8 de julho de 2013

POBREZA E IMIGRAÇÃO

Infelizmente, enquanto incentivamos o desenvolvimento com vistas a um mundo melhor, não podemos silenciar acerca do escândalo da pobreza em suas várias dimensões. Violência, exploração, discriminação, marginalização, abordagens restritivas às liberdades fundamentais, tanto para o indivíduo quanto para grupos, são alguns dos principais elementos da pobreza que devem ser superados. Muitas vezes, são justamente esses aspectos que caracterizam os movimentos migratórios, ligando migração e pobreza. Fugindo de situações de miséria ou de perseguição, em busca de melhores perspectivas ou para salvar a vida, milhões de pessoas embarcam no caminho da migração e, esperando alcançar a satisfação de suas expectativas, muitas vezes o que encontram é a suspeita, o fechamento e a exclusão, isso quando não são golpeados por outros infortúnios, muitas vezes mais graves, e que ferem sua dignidade humana.

A realidade das migrações, com as dimensões que assume na nossa época de globalização, precisa ser tratada e administrada de uma forma nova, justa e eficaz, o que exige, acima de tudo, uma cooperação internacional e um espírito de profunda solidariedade e compaixão. É importante a colaboração em vários níveis, com a adoção unânime de instrumentos de regulamentação para proteger e promover a pessoa humana.

A IMIGRAÇÃO FORÇADA

Outro desafio à paz que está diante de nossos olhos, e que adquire, em certas regiões e momentos, o caráter de uma verdadeira tragédia humana, é o das migrações forçadas. Trata-se de um fenômeno muito complexo, e é necessário reconhecer que estão sendo realizados esforços notáveis por parte das organizações internacionais, dos Estados, das forças sociais, assim como das comunidades religiosas e do voluntariado, para procurar responder de forma civil e organizada aos aspectos mais críticos, às emergências, às situações de maior necessidade. Também a esse propósito, nos damos conta de que não podemos nos limitar a resolver as emergências. O fenômeno já se manifestou em toda a sua amplitude e com suas caraterísticas, por assim dizer, de época. Chegou a hora de enfrentá-lo com um olhar político sério e responsável, que envolva todos os níveis: global, continental, macrorregional, internacional, até o nível nacional e local.

Podemos observar nesse âmbito experiências opostas. Por um lado, histórias maravilhosas de humanidade, encontro, acolhimento: pessoas e famílias que conseguiram sair de realidades desumanas e reencontraram a dignidade, a liberdade e a segurança. Por outro, infelizmente, existem situações que nos fazem chorar e sentir vergonha: seres humanos, nossos irmãos e irmãs, filhos de Deus, que, impelidos também eles pela vontade de viver e trabalhar em paz, enfrentam viagens extenuantes e sofrem chantagem, tortura e injustiça de todo tipo, acabando muitas vezes por morrer no deserto ou no fundo do mar.

A IGREJA E OS REFUGIADOS

A Igreja é mãe, e sua atenção materna se manifesta com ternura e proximidade especial em relação àqueles que são obrigados a fugir do próprio país e vivem entre o desenraizamento e a integração. Essa tensão destrói as pessoas. A compaixão cristã — o "padecer com", a "com-paixão" — se expressa antes de tudo no compromisso de conhecer os acontecimentos que impelem indivíduos a abandonar a própria pátria e, quando necessário, a dar voz àqueles que não conseguem fazer ouvir seu grito de dor e de opressão.

Violência, abusos, distância dos vínculos familiares, acontecimentos traumáticos, fuga de casa e incerteza sobre o futuro nos campos de refugiados. Todos esses elementos desumanizam e devem levar todo cristão e a comunidade inteira a prestar uma atenção concreta.

Mas hoje, caros amigos, eu gostaria de convidar todos a ver nos olhos e no coração dos refugiados e das pessoas desenraizadas à força, também a luz da esperança. Esperança que se manifesta nas expectativas em relação ao futuro, na vontade de manter relacionamentos de amizade e no desejo de se integrar à sociedade que os recebe, também mediante a aprendizagem da língua, do acesso ao trabalho e à educação para as crianças. Admiro a coragem daqueles que esperam poder, gradualmente, retomar a vida normal, na expectativa de que a alegria e o amor voltem a iluminar sua existência. Todos nós podemos e devemos alimentar essa esperança!

Convido sobretudo os governantes e os legisladores, assim como toda a comunidade internacional, a considerar a realidade das pessoas desenraizadas à força, mediante iniciativas eficazes e abordagens renovadas para proteger sua dignidade, melhorar sua qualidade de vida e enfrentar os desafios que têm origem em formas modernas de perseguição, opressão e escravidão. Quero frisar que se trata de pessoas humanas que fazem apelo à solidariedade e à assistência, que têm necessidade de intervenções urgentes, mas também e sobretudo de compreensão e bondade. Deus é bom; devemos imitá-Lo. A condição delas não pode nos deixar indiferentes. Quanto a nós, como Igreja, recordemos que, curando as feridas dos refugiados, dos deslocados internos e das vítimas do tráfico, colocamos em prática o mandamento da caridade, que Jesus nos deixou, quando se identificou com o estrangeiro, com quantos sofrem, com todas as vítimas inocentes da violência e da exploração.

UM MUNDO MELHOR

Do ponto de vista cristão, também nos fenômenos migratórios, como em outras realidades humanas, se observa a tensão entre a beleza da Criação, marcada pela graça e pela redenção, e o mistério do pecado. A solidariedade e o acolhimento, os gestos fraternos e de compreensão, são contrapostos à rejeição, à discriminação, aos tráficos de exploração, de dor e de morte. Motivo de preocupação são, principalmente, as situações em que a migração não só é forçada, mas também realizada por meio de várias modalidades de tráfico humano e de escravidão. O "trabalho escravo" é hoje uma moeda corrente! No entanto, apesar dos problemas, dos riscos e das dificuldades que devem ser enfrentados, aquilo que anima muitos migrantes e refugiados é o binômio confiança e esperança: eles trazem no coração o desejo de um futuro melhor não só para si, mas também para suas famílias e seus entes queridos.

O que significa a criação de um "mundo melhor"? Essa expressão não se refere ingenuamente a conceitos abstratos ou realidades inatingíveis, mas se dirige à busca de um desenvolvimento autêntico e completo, de modo que haja condições de vida digna para todos, que se encontrem respostas justas às necessidades dos indivíduos e das famílias, e que seja respeitada, preservada e cultivada a Criação que Deus nos deu.

O TRÁFICO HUMANO

Uma questão que muito me preocupa e que ameaça atualmente a dignidade das pessoas é o tráfico de seres humanos. Trata-se de uma verdadeira forma de escravidão — cada vez mais disseminada, infelizmente — que abrange todos os países, mesmo os mais desenvolvidos, e atinge as pessoas mais vulneráveis da sociedade: as mulheres e as jovens, os meninos e as meninas, os deficientes, os mais pobres e quem provém de situações de desagregação familiar e social. Nós, cristãos, reconhecemos neles, de maneira especial, o rosto de Jesus Cristo, que Se identificou com os mais frágeis e necessitados. Outros, que não fazem referência sequer a uma fé religiosa, em nome da humanidade comum partilham a compaixão pelos seus sofrimentos e se esforçam por libertá-los e curar suas feridas. Juntos, podemos e devemos nos empenhar para que sejam libertados e se possa pôr fim a esse comércio horrível. Fala-se em milhões de vítimas do trabalho forçado, do tráfico de pessoas para fins de mão de obra e de exploração sexual. Isso não pode continuar. Constitui uma grave violação dos direitos humanos e uma ofensa à dignidade das vítimas, além de uma derrota para a comunidade internacional. Todas as pessoas de boa vontade, religiosas ou não, não podem permitir que essas mulheres, esses homens, essas crianças sejam tratados como objeto, sejam enganados, violentados, frequentemente vendidos várias vezes para diversos fins, acabem assassinados ou tenham o corpo e a mente arruinados e sejam descartados e abandonados. É uma vergonha.

O tráfico de pessoas é um crime contra a humanidade. Devemos unir forças para libertar as vítimas e impedir esse crime, cada vez mais agressivo, que ameaça não só as pessoas individualmente e os valores fundamentais da sociedade, mas também a segurança e a justiça internacionais e ainda a economia, o tecido familiar e a própria convivência social.

Para conseguir vencer nessa frente, todavia, é necessário assumir conjuntamente essa responsabilidade e haver uma vontade política mais firme, além de responsabilidade pelos muitos que foram vítimas do tráfico, protegendo seus direitos, garantindo a segurança deles e de seus familiares e impedindo que os corruptos e os criminosos fujam à justiça e tenham a última palavra sobre as pessoas.

A TRAGÉDIA DE LAMPEDUSA

Emigrantes mortos no mar, em barcos que, em vez de serem uma rota de esperança, foram uma rota de morte. Assim era o título dos jornais. Desde há algumas semanas, quando tomei conhecimento dessa notícia (que infelizmente tem se repetido), o caso me volta continuamente à mente como um espinho no coração, que faz doer. Nossos irmãos e irmãs procuravam escapar de situações difíceis, para encontrar um pouco de serenidade e de paz; procuravam um lugar melhor para si e suas famílias, mas encontraram a morte. Quantas vezes outros que procuram o mesmo deixam de encontrar compreensão, acolhimento e solidariedade! E suas vozes sobem até Deus! Uma vez mais lhes agradeço, habitantes de Lampedusa, pela solidariedade. Recentemente falei com um desses irmãos. Antes de chegar aqui, passaram pelas mãos de traficantes, daqueles que exploram a pobreza dos outros, daquelas pessoas para quem a pobreza alheia é uma fonte de lucro. Como sofreram! E alguns não conseguiram chegar.

MIGRAÇÃO EM MASSA

Outro grave problema que nosso mundo precisa enfrentar é a migração em massa: o notável número de homens e mulheres forçados a procurar trabalho distante de sua pátria é motivo de preocupação. Não obstante sua esperança em um futuro melhor, eles frequentemente encontram incompreensão e exclusão, para não falar nas experiências trágicas e nos desastres que experimentam. Enfrentando tais sacrifícios, esses homens e mulheres com frequência não conseguem encontrar um trabalho digno e se tornam vítimas de certa "globalização da indiferença". A situação deles os expõe a perigos adicionais, como o horror do tráfico humano, o trabalho forçado e o jugo da escravidão. É inaceitável que, no nosso mundo, o trabalho feito por escravos tenha se tornado moeda corrente. Isso não pode continuar! O tráfico humano é uma praga, um crime de lesa-humanidade. Agora é o momento de unir forças e trabalhar em conjunto para libertar as vítimas desse tráfico e erradicar esse crime que afeta a todos, das famílias nucleares à comunidade mundial.

É também o momento de reforçar as formas existentes de cooperação e de estabelecer novos caminhos para aumentar a solidariedade. Isso demanda um empenho renovado a favor da dignidade de todas as pessoas; uma observância mais firme dos padrões internacionais de trabalho; o planejamento para um desenvolvimento que tem a pessoa humana como protagonista e principal beneficiário; uma nova valorização da responsabilidade das empresas multinacionais nos países onde elas operam, incluindo os setores organizacionais de lucro e investimento; e um esforço coordenado para encorajar os governos a facilitar o deslocamento de imigrantes, para benefício de todos, eliminando assim o tráfico de seres humanos e as perigosas condições de viagem que enfrentam.

A perseguição

A liberdade religiosa é um direito humano fundamental.
Discurso na Jordânia, 24 de maio de 2014

A TENTAÇÃO DA VIDA DUPLA

Na vida ouvimos certas propostas que não vêm de Jesus nem de Deus. É compreensível que nossas fraquezas às vezes nos levem por esse caminho. Ou também por outro, que é mais perigoso ainda: estabelecemos um acordo, um pouco de Deus e um pouco de vocês. Fazemos um acordo e assim continuamos com uma vida dupla: um pouco do que ouvimos de Jesus e um pouco do que ouvimos do mundo, dos poderes do mundo e de outros. Esse não é um bom sistema. De fato, no livro do Apocalipse, o Senhor diz: "Isso não é bom, porque assim não sois maus nem bons: sois tíbios. Condeno-vos".

Tomemos cuidado com esta tentação: se Pedro tivesse dito aos sacerdotes "Falemos como amigos e estabeleçamos uma forma de conviver", talvez tudo tivesse corrido bem, mas essa não teria sido uma escolha própria do amor, que vem quando ouvimos Jesus. Uma escolha que tem consequências. O que acontece quando escutamos Jesus? Às vezes os que nos fazem outra proposta se enraivecem, e a estrada acaba em perseguição. Nesse momento temos muitas irmãs e irmãos que estão sendo perseguidos por obedecer, ouvir e escutar o que Jesus lhes pede. Recordemos sempre esses irmãos e irmãs que puseram a carne ao fogo e nos dizem com a própria vida: "Quero obedecer, ir pelo caminho que Jesus me indica".

O ECUMENISMO DO SOFRIMENTO

Não nos esqueçamos, em nossas orações, muitos outros homens e mulheres que sofrem, em várias partes do mundo, por causa da guerra, da pobreza, da fome; bem como inúmeros cristãos perseguidos pela sua fé no Senhor Ressuscitado. Quando cristãos de diferentes confissões estão sofrendo juntos, lado a lado, e prestando ajuda uns aos outros com caridade fraterna, realiza-se o ecumenismo do sofrimento, o ecumenismo do sangue, que tem uma eficácia particular não só nos contextos onde tem lugar, mas, em virtude da comunhão dos santos, também em toda a Igreja. Aqueles que matam por ódio à fé, que perseguem os cristãos, não lhes perguntam se são ortodoxos ou se são católicos: são cristãos. O sangue cristão é o mesmo. E, quando a desunião nos fizer pessimistas, pouco corajosos, desmotivados, refugiemo-nos todos sob o manto da Santa Mãe de Deus. Quando há turbulências espirituais na alma cristã, só encontraremos a paz sob o manto da Santa Mãe de Deus.

LIBERDADE RELIGIOSA

O problema da negação da liberdade religiosa não existe apenas em alguns países asiáticos, mas também em outros países do mundo. A liberdade religiosa não é uma realidade em todos os países. Alguns mantêm um controle mais ou menos leve, tranquilo; outros adotam medidas que se transformam em verdadeira perseguição aos devotos. Há mártires, hoje; mártires cristãos. Católicos e não católicos, mas mártires. Em alguns lugares, não se pode carregar o crucifixo nem ter uma Bíblia. Não se pode ensinar o catecismo às crianças! Creio — e acho que não me engano — que, nesta época, há mais mártires do que nos primeiros tempos da Igreja. Devemos nos aproximar, em alguns lugares com prudência, para ajudá-los; devemos rezar muito por essas Igrejas que sofrem: sofrem muito! E também os bispos, a própria Santa Sé, trabalham com discrição para ajudar esses países, os cristãos desses países. Mas não é fácil. Por exemplo, num determinado país, é proibido rezar juntos! Mas os cristãos que lá se encontram querem celebrar a Eucaristia! E há um operário de profissão, que é sacerdote. Ele chega; a mesa é posta, as pessoas fingem que tomam chá, mas celebram a Eucaristia.

OS CRISTÃOS PERSEGUIDOS

Na Igreja, existem os perseguidos de fora e os perseguidos de dentro. Os próprios santos foram perseguidos. De fato, quando lemos sobre a vida dos santos, encontramos muita incompreensão e perseguição. Isso porque, como profetas, eles diziam coisas muito duras. Assim, muitos pensadores da Igreja foram perseguidos.

A história é testemunha de que todas as pessoas escolhidas pelo Espírito Santo para dizer a verdade ao povo de Deus sofrem perseguição. Recordemos a última das bem-aventuranças de Jesus: bem-aventurados os que são perseguidos em meu nome. É bem verdade que Jesus é o próprio modelo, o ícone. Sofreu muito, o Senhor, foi perseguido e, assim fazendo, tomou para si todas as perseguições de seu povo.

Ainda hoje os cristãos são perseguidos; ouço falar que hoje talvez existam até mais mártires do que nos primórdios. E são perseguidos porque, para esta sociedade mundana, para esta sociedade tranquila, que não deseja problemas, dizem a verdade e anunciam Jesus Cristo. Realmente, hoje há muita perseguição.

Ainda hoje em alguns lugares existe a pena de morte, existe o cárcere para quem possui o Evangelho em casa, para quem ensina a catequese. Disse a mim, um católico de um desses países em que as pessoas não podem rezar juntas: "É proibido! Podemos rezar apenas sozinhos e escondidos. Se desejamos celebrar a Eucaristia, organizamos uma festa de aniversário, fingimos comemorar e realizamos a Eucaristia antes da festa. E se, como já aconteceu, a polícia chega, escondemos tudo rapidamente, continuando com a festa entre cumprimentos e parabéns; depois, quando os policiais se vão, terminamos a Eucaristia". E é assim que eles devem fazer, porque é proibido rezarem juntos.

APELO

Uma grande preocupação é causada pelas condições de vida dos cristãos, que em muitas partes do Oriente Médio sofrem de maneira particularmente grave as consequências das tensões e dos conflitos que ali acontecem. A Síria, o Iraque, o Egito e outras áreas da Terra Santa às vezes derramam lágrimas. O bispo de Roma não ficará em paz enquanto houver homens e mulheres, de qualquer religião, feridos em sua dignidade, desprovidos do necessário para sobreviver, privados de futuro, forçados à condição de fugitivos e refugiados. Hoje, juntamente com os pastores das Igrejas do Oriente, dirigimos um apelo, a fim de que seja respeitado o direito de todos a uma vida digna e a professar livremente a própria fé. Não nos resignemos a pensar no Oriente Médio sem os cristãos que há dois mil anos confessam o nome de Jesus, plenamente integrados como cidadãos à vida social, cultural e religiosa das nações às quais pertencem.

O sofrimento dos menores e dos mais frágeis, com o silêncio das vítimas, levanta uma pergunta insistente: "Que resta da noite?" (Is 21,11). Continuemos a vigiar, como a sentinela bíblica, convictos de que o Senhor não nos deixará faltar sua ajuda. Por isso, dirijo-me à Igreja inteira para exortá-la à oração, que sabe alcançar do coração misericordioso de Deus a reconciliação e a paz. A oração desarma a ignorância e gera diálogo onde existe conflito. Se for sincera e perseverante, tornará nossa voz mansa e firme, capaz de se fazer ouvir também pelos dirigentes das nações.

DIÁLOGO E TOLERÂNCIA

No mundo não faltam situações nas quais a convivência é difícil: motivos políticos ou econômicos se sobrepõem muitas vezes às diferenças culturais e religiosas, aproveitando-se também de incompreensões e equívocos do passado: tudo isso pode gerar desconfiança e medo. Só existe um caminho para derrotar o medo: o caminho do diálogo e do encontro, caracterizado pela amizade e pelo respeito. Quando percorremos esse caminho, descobrimos que se trata de um caminho humano.

Dialogar não significa renunciar à própria identidade, quando vamos ao encontro do outro, e também não significa ceder a comprometimentos a respeito da fé e da moral cristã. Pelo contrário, "a verdadeira abertura implica conservar-se firme nas próprias convicções mais profundas, com uma identidade clara e jubilosa", e, por esse motivo, aberta à compreensão das razões do próximo, capaz de manter relacionamentos humanos respeitosos, convicta de que o encontro com aqueles que são diferentes de nós pode constituir uma oportunidade de crescimento na fraternidade, de enriquecimento e de testemunho. É por esse motivo que o diálogo inter-religioso e a evangelização não se excluem, mas sim se alimentam reciprocamente. Não imponhamos nada, não recorramos a nenhuma estratégia dissimulada para atrair fiéis, mas testemunhemos com alegria e simplicidade aquilo em que acreditamos e que nós mesmos somos.

O diálogo construtivo entre pessoas de diferentes tradições religiosas ajuda também a superar outro tipo de medo, que infelizmente vemos aumentar nas sociedades mais fortemente secularizadas: o medo em relação às diversas tradições religiosas e à dimensão religiosa como tal. A religião é considerada inútil, ou até perigosa, e às vezes se pretende que os cristãos renunciem às próprias convicções religiosas e morais no exercício da sua profissão (cf. Bento XVI, Discurso ao Corpo Diplomático, 10 de janeiro de 2011). É comum o pensamento segundo o qual a convivência só seria possível, se ocultarmos nossa afiliação religiosa e nos encontrarmos assim numa espécie de espaço neutro, desprovido de referências à transcendência. Mas, também nesse caso, como criar relações autênticas e construir uma sociedade que seja uma verdadeira casa comum, forçando ao mesmo tempo cada um a deixar de lado aquilo que considera uma parte íntima do próprio ser?

PARTE III
A JUSTIÇA DIVINA

A justiça divina revelou-se na cruz.
Angelus, 15 de setembro de 2013

O amor

O amor nos torna semelhantes, cria igualdade,
destrói muros e distâncias.
Mensagem, 26 de dezembro de 2013

A CERTEZA DO AMOR DE DEUS

O que a cruz deixa em cada um de nós? Deixa um bem que ninguém mais pode nos dar: a certeza do amor fiel de Deus por nós. Um amor tão grande que entra no nosso pecado e o perdoa, entra no nosso sofrimento e nos dá força para carregá-lo, entra também na morte para derrotá-la e nos salvar. Na cruz de Cristo está todo o amor de Deus, está sua imensa misericórdia. E esse é um amor em que podemos confiar, em que podemos acreditar. Queridos jovens, confiemos em Jesus, abandonemo-nos n'Ele (cf. Carta Encíclica *Lumen fidei*, 16), porque nunca desilude ninguém! Só em Cristo morto e ressuscitado encontramos a salvação e a redenção. Com Ele, o mal, o sofrimento e a morte não têm a última palavra, porque Ele nos dá esperança e vida: transformou a cruz, que deixou de ser um instrumento de ódio, derrota e morte, para ser um símbolo de amor, vitória, triunfo e vida.

Mas a cruz de Cristo também nos convida a nos deixarmos contagiar por esse amor. Ensina-nos a olhar sempre para o outro com misericórdia e amor, sobretudo quem sofre, quem precisa de ajuda, quem espera uma palavra, um gesto. A cruz nos convida a sairmos de nós mesmos para ir ao encontro dessas pessoas e estender-lhes a mão.

AMOR AO PRÓXIMO

Esse laço indissolúvel entre a recepção do anúncio salvífico e um efetivo amor fraterno se exprime em alguns textos da Escritura, que convém considerar e sobre os quais convém meditar atentamente para deles tirar todas as conclusões. É uma mensagem a que frequentemente nos habituamos e repetimos quase mecanicamente, sem nos assegurarmos de que tenha real presença em nossa vida e em nossas comunidades. Como é perigoso e prejudicial esse habituar-se que nos leva a perder a maravilha, a fascinação, o entusiasmo de viver o Evangelho da fraternidade e da justiça! A palavra de Deus ensina que, no irmão, está o prolongamento permanente da encarnação de cada um de nós: "Cada vez que o fizestes a um desses meus irmãos pequeninos, a mim o fizestes" (Mt 25,40). O que fizermos aos outros, tem uma dimensão transcendente: "Com a medida com que medis, sereis medidos" (Mt 7,2), e corresponde à misericórdia divina para conosco: "Sede misericordiosos como o vosso Pai é misericordioso. Não julgueis, para não serdes julgados; não condeneis, para não serdes condenados; perdoai, e vos será perdoado. Dai, e vos será dado [...]. A medida com que merdirdes sereis medidos também" (Lc 6,36-38). Nesses textos, se exprime a absoluta prioridade da "saída de si próprio na direção do irmão", como um dos dois mandamentos principais que fundamentam toda norma moral e como o sinal mais claro para discernir o caminho de crescimento espiritual em resposta à doação absolutamente gratuita de Deus.

Assim como a Igreja é missionária por natureza, também brota inevitavelmente dessa natureza o amor pelo próximo e a compaixão que compreende, assiste e promove.

O DINAMISMO DO AMOR

Compartilhar em Cristo significa imitá-Lo quando Ele sai de si mesmo para ir ao encontro do outro. Trata-se de uma experiência maravilhosa, embora um pouco paradoxal. Por quê? Porque, quem coloca Cristo no centro da vida, descentraliza-se! Quanto mais você se une a Jesus, e Ele Se torna o centro da sua vida, tanto mais Ele o faz sair de si mesmo, o descentraliza e o abre para os outros. Esse é o verdadeiro dinamismo do amor, esse é o movimento do próprio Deus! Sem deixar de ser o centro, Deus é sempre dom de si, relação, vida que se comunica... E assim nos tornamos também nós, se permanecermos unidos a Cristo, porque Ele nos leva a entrar no dinamismo do amor. Onde há verdadeira vida em Cristo, há abertura para o outro, há saída de si mesmo para ir ao encontro do outro em nome de Cristo. E o trabalho do catequista é este: por amor, sair continuamente de si para testemunhar Jesus e falar de Jesus, anunciar Jesus. Isso é importante, porque é obra do Senhor: é justamente o Senhor que nos impele a sair.

É assim o amor: ele o atrai e o envia; ele o toma e o dá aos outros. É nessa tensão que se move o coração do cristão, especialmente o coração do catequista.

A GRATUIDADE DO AMOR

Jesus não hesitou nem se eximiu: fez uma escolha e a levou adiante, até o fim. Escolheu se tornar homem e, como homem, se fazer servo, até a morte, na cruz. Eis o caminho do amor: não há outro. Com isso vemos que a caridade não é um simples assistencialismo, nem sequer um assistencialismo para tranquilizar as consciências. Isso não é amor, é comércio, é negócio. O amor é gratuito. A caridade, o amor, é uma escolha de vida. É um modo de ser, de viver, é o caminho da humildade e da solidariedade. Não há outro caminho. Nessa cultura do descarte, o que não serve, é jogado fora, para permanecerem apenas os que se sentem justos, que se sentem puros, os que se sentem limpos. Coitados! Essa palavra, "solidariedade", corre o risco de ser eliminada do dicionário, porque ela incomoda, ela importuna. Por quê? Porque o obriga a olhar o outro e a se dedicar ao próximo com amor. É melhor eliminá-la do dicionário, porque ela incomoda. E nós, não, nós dizemos: esta é a vida, a humildade e a solidariedade. Por quê? Fomos nós, sacerdotes, que a inventamos? Não! Foi Jesus: foi Ele quem a disse! E nós queremos seguir esse caminho. A humildade de Cristo não é um moralismo, um sentimento. A humildade de Cristo é real, é a escolha de ser pequeno, de estar com os pequeninos, com os excluídos, de estar entre nós, todos pecadores. Atenção, não é uma ideologia! É um modo de ser e de viver que nasce do amor, nasce do coração de Deus.

A LEI DO AMOR

Qual é a lei do povo de Deus? É a lei do amor, do amor a Deus e do amor ao próximo, segundo o novo mandamento que o Senhor nos deu (cf. Jo 13,34). Mas trata-se de um amor que não é sentimentalismo estéril, nem algo vago, mas sim o reconhecimento de Deus como único Senhor da vida e, ao mesmo tempo, o acolhimento do outro como verdadeiro irmão, superando divisões, rivalidades, incompreensões e egoísmos; são dois elementos que caminham juntos. Que distância ainda temos que percorrer, para viver concretamente essa nova lei, a do Espírito Santo, que age sobre nós, a lei da caridade, do amor? Lemos nos jornais ou vemos na televisão que há muitas guerras entre cristãos; como isso pode acontecer? Quantas guerras no seio do povo de Deus! Nos bairros, nos lugares de trabalho, quantas guerras por inveja, por ciúme! Até na mesma família, quantas guerras internas! Devemos pedir ao Senhor que nos faça compreender bem essa lei do amor. Como é bom amarmos uns aos outros, como verdadeiros irmãos. Façamos algo hoje. Talvez todos tenhamos simpatias e antipatias; talvez muitos de nós tenhamos um pouco de raiva de alguém; então, digamos ao Senhor: Senhor, estou com raiva dele ou dela; rezo a Ti por ele e por ela. Orar por aqueles com os quais estamos irados é um bom passo nessa lei do amor. Vamos fazer isso? Façamos isso, hoje mesmo!

O SÍMBOLO DO AMOR DE DEUS

Quando admiramos uma obra de arte ou qualquer maravilha que seja fruto do engenho e da criatividade humana, o Espírito nos leva a louvar o Senhor do mais fundo do nosso coração e a reconhecer, em tudo aquilo que temos e somos, um dom inestimável de Deus e um sinal de seu infinito amor por nós.

O Senhor nos ama! Devemos dar-lhe graças por isso. O dom da ciência nos coloca em profunda sintonia com o Criador, levando-nos a participar na limpidez do seu olhar e do seu juízo. E é sob esse ponto de vista que conseguimos perceber no homem e na mulher o ápice da Criação, o cumprimento de um desígnio de amor que está gravado em cada um de nós e que nos leva a nos reconhecermos como irmãos e irmãs.

Tudo isso é motivo de serenidade e de paz, e faz do cristão uma testemunha jubilosa de Deus, na esteira de São Francisco de Assis e de muitos santos que souberam louvar e cantar seu amor contemplando a Criação. Mas, ao mesmo tempo, o dom da ciência nos ajuda a não cair em atitudes excessivas ou erradas. A primeira é o risco de nos considerarmos senhores da Criação. A Criação não é uma propriedade que podemos manipular a nosso bel-prazer, e muito menos uma propriedade que pertence só a alguns, a poucos. A Criação é um dom, uma dádiva maravilhosa que Deus nos concedeu, para que dela cuidemos e utilizemos em benefício de todos, sempre com grande respeito e gratidão.

A segunda atitude errada é a tentação de nos limitarmos às criações, como se elas pudessem oferecer resposta a todas as nossas expectativas. Com o dom da ciência, o Espírito nos ajuda a não cair nesse erro.

A PAZ

*E todos temos o dever de nos fazer instrumentos
e construtores de paz.*
Regina Caeli em Belém, 25 de maio de 2014

NÃO EXISTE PAZ SEM JUSTIÇA

A paz social não pode ser entendida como irenismo ou como mera ausência da violência obtida pela imposição de uma parte sobre as outras. Também seria uma paz falsa aquela que servisse como desculpa para justificar uma organização social que silencie ou tranquilize os mais pobres, de modo que aqueles que gozam dos maiores benefícios possam manter seu estilo de vida sem sobressaltos, enquanto os outros sobrevivem como podem. As reivindicações sociais, que têm a ver com a distribuição das receitas, a inclusão social dos pobres e os direitos humanos não podem ser sufocados sob o pretexto de se construir um consenso de escritório ou uma paz efêmera para uma minoria feliz. A dignidade da pessoa humana e o bem comum estão acima da tranquilidade de alguns, que não querem renunciar a seus privilégios. Quando esses valores são afetados, é necessária uma voz profética.

E a paz também "não se reduz a uma ausência de guerra, fruto do equilíbrio sempre precário das forças. Constrói-se, dia a dia, na busca de uma ordem querida por Deus, que traz consigo uma justiça mais perfeita entre os homens". Enfim, uma paz que não surja como fruto do desenvolvimento integral de todos, não terá futuro e será sempre semente de novos conflitos e variadas formas de violência.

PELA PAZ NA SÍRIA

Dirijo um forte apelo pela paz, um apelo que nasce do íntimo do meu coração! Quanto sofrimento, quanta destruição, quanta dor causou e está causando o uso de armas naquele país atormentado, especialmente entre a população civil e indefesa! Pensemos em quantas crianças não poderão ver a luz do futuro! Condeno com firmeza particular o uso das armas químicas! Ainda tenho gravadas na mente e no coração as imagens terríveis de dias passados! Existe um juízo de Deus e também um juízo da história sobre nossas ações aos quais não se pode escapar! O uso da violência nunca conduz à paz. Guerra chama mais guerra, violência chama mais violência.

O que podemos fazer pela paz no mundo? Como dizia o papa João XXIII, a todos cabe a tarefa de estabelecer um novo sistema de relações de convivência baseado na justiça e no amor.

Que uma corrente de compromisso pela paz possa unir todos os homens e mulheres de boa vontade! Trata-se de um forte e premente convite que dirijo a toda a Igreja católica, mas que estendo a todos os cristãos de outras confissões, aos homens e mulheres de todas as religiões e também àqueles irmãos e irmãs que não creem: a paz é um bem que supera qualquer barreira, porque é um bem de toda a humanidade.

Repito em alta voz: não é a cultura do confronto, a cultura do conflito, que constrói a convivência nos povos e entre os povos, mas sim a cultura do encontro, a cultura do diálogo: esse é o único caminho para a paz.

DA JUSTIÇA NASCE A PAZ

Qual é o fundamento da construção da paz? A *Pacem in terris** deseja recordar a todos: ele consiste na origem divina do homem, da sociedade e da própria autoridade, que obriga os indivíduos, as famílias, os vários grupos sociais e os Estados a viver relações de justiça e de solidariedade. Por conseguinte, é tarefa de todos os homens edificar a paz, segundo o exemplo de Jesus Cristo, ao longo destes dois caminhos: promover e praticar a justiça, com verdade e amor, e contribuir, cada qual segundo suas possibilidades, para o desenvolvimento humano integral, segundo a lógica da solidariedade.

Olhando para a realidade contemporânea, eu me pergunto se já compreendemos a lição da *Pacem in terris*. Eu me questiono se as palavras "justiça" e "solidariedade" estão apenas no nosso dicionário, ou se todos nós trabalhamos para que elas se tornem realidade. A encíclica do beato João XXIII nos recorda claramente que não pode haver paz e harmonia autênticas se não trabalharmos em prol de uma sociedade mais justa e solidária, se não superarmos egoísmos, individualismos e interesses de grupo, em todos os níveis.

A PAZ DE CRISTO

Cristo a tudo unificou em Si: céu e terra, Deus e homem, tempo e eternidade, carne e espírito, pessoa e sociedade. O sinal distintivo dessa unidade e reconciliação de tudo n'Ele é a paz. Cristo "é a nossa paz" (Ef 2,14). O anúncio do Evangelho começa sempre com a saudação de paz, e a paz coroa e cimenta em cada momento as relações entre os discípulos. A paz é possível porque o Senhor venceu o mundo e sua permanente conflitualidade, "realizando a paz pelo sangue da sua

---

* *Pacem in terris* é a encíclica histórica promulgada pelo papa João XXIII no dia 11 de abril de 1963.

cruz" (Col 1,20). Entretanto, se examinarmos a fundo esses textos bíblicos, descobriremos que o primeiro âmbito onde somos chamados a conquistar essa pacificação nas diferenças é a própria interioridade, a própria vida, sempre ameaçada pela dispersão dialética. Com corações despedaçados em milhares de fragmentos, será difícil construir uma verdadeira paz social.

O anúncio da paz não é a proclamação de uma paz negociada, mas a convicção de que a unidade do Espírito harmoniza todas as diversidades e supera qualquer conflito numa nova e promissora síntese. A diversidade é bela, quando aceita entrar constantemente num processo de reconciliação até selar uma espécie de pacto cultural que faça surgir uma "diversidade reconciliada".

INSTRUMENTOS DA PAZ

A Igreja proclama o "evangelho da paz" (Ef 6,15) e está aberta à colaboração com todas as autoridades nacionais e internacionais para cuidar desse bem universal tão grande. Ao anunciar Jesus Cristo, que é a paz em pessoa (cf. Ef 2,14), a nova evangelização incentiva todo o batizado a ser instrumento de pacificação e testemunha crível de uma vida reconciliada. É hora de saber como projetar, numa cultura que privilegie o diálogo como forma de encontro, a busca de consenso e de acordos, mas sem separá-la da preocupação por uma sociedade justa, capaz de memória e sem exclusões. O autor principal, o sujeito histórico desse processo, é a gente e sua cultura, não uma classe, uma fração, um grupo, uma elite. Não precisamos de um projeto de poucos para poucos, ou de uma minoria esclarecida ou testemunhal que se aproprie de um sentimento coletivo. Trata-se de um acordo para vivermos juntos, de um pacto social e cultural.

PAZ, ARMAMENTO E MIGRAÇÕES

Paz. Essa palavra resume todos os bens que toda pessoa e todas as sociedades humanas almejam. Também o compromisso com o qual procuramos promover as relações diplomáticas não tem, em última análise, outro objetivo senão este: fazer crescer na família humana a paz no desenvolvimento e na justiça. Trata-se de uma meta nunca alcançada plenamente, que deve ser perseguida novamente por todas as gerações, enfrentando os desafios que cada época impõe.

Olhando para os desafios que neste nosso tempo é urgente enfrentar para construir um mundo mais pacífico, gostaria de sublinhar dois: o comércio das armas e as migrações forçadas.

Todos falam em paz, todos declaram que a desejam, mas infelizmente a proliferação de armamentos de todo tipo vai na direção oposta. O comércio de armas tem o efeito de complicar e afastar a solução dos conflitos, sobretudo porque se desenvolve e se realiza em grande medida fora da legalidade.

O fenômeno das migrações forçadas está estreitamente ligado aos conflitos e às guerras e, portanto, também ao problema da proliferação das armas que já mencionei anteriormente. São feridas de um mundo que é nosso, no qual Deus nos colocou para viver hoje e nos chama a ser responsáveis por nossos irmãos e irmãs, para que nenhum ser humano seja violado em sua dignidade. Seria uma contradição absurda falar em paz, negociar a paz e, ao mesmo tempo, promover ou permitir o comércio de armas. Poderíamos também pensar que seria uma atitude, num certo sentido cínica, proclamar os direitos humanos e, ao mesmo tempo, ignorar ou não assumir a responsabilidade de homens e mulheres que, obrigados a deixar a sua terra, morrem nessa tentativa, ou não são acolhidos pela solidariedade internacional.

O DIÁLOGO CRIA A PAZ

Qual é a atitude mais profunda que devemos ter para dialogar, para não brigar? A mansidão, a capacidade de encontrar as pessoas, de encontrar as culturas com paz; a capacidade de fazer perguntas inteligentes: "Mas por que você pensa assim? Por que essa cultura é assim?". Ouvir o próximo e depois falar. Primeiro ouvir, depois falar. Tudo isso é mansidão. Se você não pensa como eu — sabe... penso de outra maneira, você não me convence —, somos amigos da mesma maneira; ouvi como você pensa e você ouviu como eu penso.

E vocês sabem de uma coisa, de uma coisa importante? É esse diálogo que constrói a paz. Não se pode ter paz sem diálogo. Todas as guerras e disputas, todos os problemas insolúveis com os quais nos confrontamos, existem devido à falta de diálogo. Quando existe um problema, dialogo: isso leva à paz. É isso que desejo a vocês nesta viagem de diálogo: que saibam dialogar. "Como pensa essa cultura?" "Isso me agrada!" "Não gosto disso!", mas sempre dialogando. E, assim, crescemos.

GUARDAR A CRUZ

Minha fé cristã me leva a olhar para a cruz. Como eu queria que, por um momento, todos os homens e mulheres de boa vontade olhassem para a cruz! Na cruz podemos ver a resposta de Deus: ali à violência não se respondeu com a violência, à morte não se respondeu com a linguagem da morte. No silêncio da cruz se cala o fragor das armas e fala a linguagem da reconciliação, do perdão, do diálogo, da paz.

Que cada um olhe dentro da própria consciência e escute a palavra que diz: saia dos seus interesses, que atrofiam seu coração, supere a indiferença para com o outro que torna seu coração insensível, vença suas razões de morte e se abra ao diálogo, à reconciliação: olha a dor do seu irmão — penso nas crianças: somente nelas... olha a dor de seu irmão, e não a aumente, segure sua mão, reconstrua a harmonia perdida, não com o confronto, mas com o encontro! Que cesse o ruído das armas! A guerra sempre significa o fracasso da paz, é sempre uma derrota para a humanidade.

SHALOM, PAZ, SALAM!

O mundo é uma herança que recebemos de nossos antepassados e também um empréstimo de nossos filhos, filhos que estão cansados e esgotados de conflitos e desejosos de alcançar a aurora da paz, que nos pedem para derrubarmos os muros da inimizade e percorrermos a estrada do diálogo e da paz a fim de que o amor e a amizade triunfem.

Muitos, muitos desses filhos tombaram, vítimas inocentes da guerra e da violência, plantas arrancadas em pleno vigor. É nosso dever fazer com que seu sacrifício não seja em vão. Que sua memória desperte em nós a coragem da paz, a força de perseverar no diálogo a todo o custo, a paciência de tecer dia após dia a trama cada vez mais robusta de uma convivência respeitosa e pacífica, para a glória de Deus e o bem de todos.

Para fazer a paz, é preciso coragem, muito mais do que para fazer a guerra. É preciso coragem para dizer sim ao encontro e não à disputa; sim ao diálogo e não à violência; sim às negociações e não às hostilidades; sim ao respeito dos pactos e não às provocações; sim à sinceridade e não à duplicidade. Para tudo isso, é preciso coragem e grande determinação.

A história nos ensina que nossas forças não bastam. Já mais de uma vez estivemos perto da paz, mas o maligno, por diversos meios, conseguiu impedi-la. Por isso estamos aqui, porque sabemos e acreditamos que necessitamos da ajuda de Deus. Não renunciamos às nossas responsabilidades, mas invocamos a Deus como ato de suprema responsabilidade perante nossas consciências e diante dos nossos povos.

Ouvimos um chamado e devemos responder, um chamado para romper a espiral do ódio e da violência, para rompê-la com uma única palavra: "irmão". Mas, para dizer essa palavra, devemos todos levantar os olhos para o céu e nos reconhecermos filhos de um único Pai.

Tentamos muitas vezes e durante muitos anos resolver nossos conflitos com nossas forças e também com nossas armas. Foram tantos momentos de hostilidade e escuridão, tanto sangue derramado, tantas vidas despedaçadas, tantas esperanças sepultadas... Mas nossos esforços foram em vão. Agora, Senhor, ajudai-nos! Dai-nos a paz, ensinai-nos a paz, guiai-nos para a paz. Abri nossos olhos e nossos corações e dai-nos a coragem de dizer: "Guerra, nunca mais!"; "A guerra destrói tudo!". Desperta em nós a coragem de realizar gestos concretos para construir a paz.

O perdão

*Deus nos trata como filhos, nos compreende, perdoa,
abraça e ama, mesmo quando cometemos erros.*
Audiência Geral, 10 de abril de 2013

DEUS NÃO SE CANSA DE PERDOAR

Um pouco de misericórdia torna o mundo menos frio e mais justo. Precisamos compreender bem a misericórdia de Deus, esse Pai misericordioso que tem tanta paciência... Recordemos o profeta Isaías, que afirma: mesmo que nossos pecados fossem vermelhos escarlate, o amor de Deus os tornaria brancos como a neve. Como é bela a misericórdia! Lembro que eu tinha sido feito bispo havia pouco, quando, em 1992, chegou a Buenos Aires a imagem de Nossa Senhora de Fátima e se organizou uma grande missa para os enfermos. Estive confessando durante a missa. Quase no final, me levantei porque tinha que administrar a crisma. Veio até mim uma mulher idosa, humilde, muito humilde, com mais de oitenta anos. Olhei para ela e lhe disse: "Avó — na nossa região é costume tratar os idosos por avó —, quer se confessar?". "Sim", respondeu ela. "Mas se a senhora não tem pecados..." Ela respondeu: "Todos temos pecados...". "Decerto, o Senhor não os perdoa..." "O Senhor perdoa tudo", retrucou ela, segura. "E como é que a senhora sabe?" "Se o Senhor não perdoasse tudo, o mundo não existiria." Senti uma vontade enorme de lhe perguntar: "A senhora estudou na [universidade] Gregoriana?". Efetivamente, aquela é a sabedoria que o Espírito Santo dá: a sabedoria interior rumo à misericórdia de Deus. Não esqueçamos esta verdade: Deus nunca Se cansa de nos perdoar; nunca!

"Mas então, padre, qual é o problema?" Bem, o problema está em nós, que nos cansamos e não queremos pedir perdão. Ele nunca se cansa de perdoar, mas nós às vezes cansamos de pedir perdão. Não nos cansemos nunca, jamais! Ele é o Pai amoroso que sempre perdoa e tem o coração cheio de misericórdia por todos nós. E nós, por nossa vez, aprendamos também a ser misericordiosos com todos. Invoquemos a intercessão de Nossa Senhora, que teve nos braços a misericórdia de Deus feita homem.

O DONO DO PERDÃO

Deus nos ama, ama sempre o homem pecador, e com esse amor o atrai para si e o convida à conversão. Não esqueçamos que os fiéis muitas vezes têm dificuldade de se aproximar do sacramento, tanto por razões práticas como pela natural dificuldade de confessar a outro homem os próprios pecados. Por isso, é preciso trabalhar muito nós mesmos, nossa humanidade, para que ela nunca seja um obstáculo mas favoreça sempre o aproximar-se da misericórdia e do perdão. Muitas vezes, uma pessoa vem até nós e diz: "Não me confesso há muitos anos. Tive este problema. Deixei a confissão porque um sacerdote me disse isto", e vê-se a imprudência, a falta de amor pastoral, no que a pessoa conta. E as pessoas se afastam, devido a uma experiência negativa na confissão. Se houver essa atitude de pai, que vem da bondade de Deus, coisas assim nunca irão acontecer.

Por fim, todos conhecemos as dificuldades que a confissão muitas vezes envolve. São muitas as razões, tanto históricas como espirituais. Contudo, sabemos que o Senhor quis fazer esse imenso dom à Igreja, oferecendo aos batizados a segurança do perdão do Pai. É isto:

a certeza do perdão do Pai. Por isso, é muito importante que, em todas as dioceses e comunidades paroquiais, se cuide particularmente da celebração desse sacramento de perdão e salvação. É bom que em cada paróquia os fiéis saibam quando podem encontrar os sacerdotes disponíveis: quando há fidelidade, os frutos aparecem. Isso vale particularmente para as igrejas confiadas às comunidades religiosas, que podem garantir a presença constante de confessores.

O SENHOR PERDOA

Vejo que muitas vezes na Igreja, tanto neste caso como em outros, são procurados, por exemplo, os "pecados de juventude", e isso é publicado. Atenção! Não se trata de delitos; que são coisa diferente. O abuso de menores, por exemplo, é um delito. Não se trata disso, mas de pecados. Ora, se uma pessoa — leigo, sacerdote ou religiosa — cometeu um pecado e depois se converteu, o Senhor perdoa; e quando o Senhor perdoa, Ele esquece. E isso é importante na nossa vida. Quando vamos nos confessar e dizemos, com verdade, "Pequei nisto", o Senhor esquece, e nós não temos o direito de não esquecer, porque corremos o risco de que o Senhor também não se esqueça dos nossos (pecados). Isso é um perigo. Isso é importante: a teologia do pecado. Muitas vezes penso em São Pedro: cometeu um dos piores pecados, que é renegar a Cristo, e mesmo assim Cristo o fez papa. Devemos pensar muito.

CONFISSÃO E PERDÃO

Deus perdoa todo homem, mas Ele mesmo quis que aqueles que pertencem a Cristo e à Igreja recebam o perdão dos ministros da comunidade. Através do ministério apostólico, a misericórdia de Deus me alcança, minhas culpas me são perdoadas e me é conferida a alegria. Desse modo, Jesus chama a viver a reconciliação também na dimensão eclesiástica, comunitária. E isso é muito bom! A Igreja, que é santa e ao mesmo tempo carente de penitência, acompanha nosso caminho de conversão a vida inteira. A Igreja não é senhora das chaves, mas é serva do ministério da misericórdia e se alegra toda vez que pode oferecer esse dom divino.

Talvez muitas pessoas não compreendam a dimensão eclesiástica do perdão, porque o individualismo e o subjetivismo predominam sempre, e até nós, cristãos, sentimos isso. Sem dúvida, Deus perdoa pessoalmente todo pecador arrependido, mas o cristão está unido a Cristo, e Cristo à Igreja. Para nós, cristãos, há um dom a mais, há sempre um compromisso a mais: passar humildemente pelo ministério eclesiástico. Devemos valorizá-lo; é uma dádiva, uma atenção, uma salvaguarda e também a certeza de que Deus me perdoou. Vou ter com o irmão sacerdote e digo: "Padre, cometi isto...". E ele responde: "Mas eu o perdoo; Deus o perdoa!". Naquele momento, me convenço de que Deus me perdoou! E isso é bom, é ter a segurança que Deus nos perdoa sempre, nunca se cansa de perdoar. E não devemos nos cansar de pedir perdão. Podemos ter vergonha de confessar nossos pecados, mas nossas mães e avós já diziam que é melhor enrubescer uma vez do que empalidecer mil. Enrubescemos uma vez, mas os pecados nos são perdoados e seguimos adiante.

Também o papa se confessa a cada quinze dias, porque até mesmo o papa é pecador. O confessor ouve os pecados que eu lhe confesso, me aconselha e me perdoa, porque todos nós precisamos desse perdão.

ENVERGONHAR-SE É BOM

"Não posso dizer: perdoo meus pecados. O perdão é pedido a outra pessoa e, na confissão, pedimos perdão a Jesus. O perdão não é fruto dos nossos esforços, mas uma dádiva, um dom do Espírito Santo, que nos preenche com o banho de misericórdia e a graça que brota incessantemente do coração aberto de Cristo crucificado e ressuscitado. Em segundo lugar, nos relembra que só se nos permitirmos nos reconciliar no Senhor Jesus com o Pai e os irmãos, conseguiremos alcançar verdadeiramente a paz. E todos sentimos isso no coração quando nos confessamos com um peso na alma, com um pouco de tristeza, e quando recebemos o perdão de Jesus, alcançamos a paz, aquela paz da alma tão boa que somente Jesus nos pode dar, só Ele!

Podemos dizer: só me confesso com Deus. Sim, você pode dizer a Deus "Me perdoe", e confessar seus pecados, mas nossos pecados são cometidos também contra os irmãos, contra a Igreja. Por isso, é necessário pedir perdão à Igreja, aos irmãos, na pessoa do sacerdote. "Mas padre, tenho vergonha..." Até a vergonha é boa, é saudável sentir um pouco de vergonha; envergonhar-se é bom.

Caros amigos, celebrar o sacramento da reconciliação significa ser envolvido por um abraço caloroso: é o abraço da misericórdia infinita do Pai.

A misericórdia

*A verdadeira misericórdia, que Deus nos concede
e ensina, exige justiça.*
Discurso, 10 de setembro de 2013

MISERICÓRDIA É VIDA

A misericórdia de Jesus não é só um sentimento; é uma força que dá vida, que ressuscita o homem! É o que nos diz também o Evangelho de hoje, no episódio da viúva de Naim (Lc 7,11-17). Jesus, com seus discípulos, está chegando a Naim, uma aldeia da Galileia, justamente no momento em que se realiza um funeral, e é levado à sepultura um jovem, filho único de uma viúva. O olhar de Jesus fixa imediatamente a mãe, que chora. Diz o evangelista Lucas: "O Senhor, ao vê-la, ficou comovido" (v. 13). Esse "comover-se" é o amor de Deus pelo homem, é a misericórdia, ou seja, a atitude de Deus em contato com a miséria humana, com nossa indigência, com nosso sofrimento e angústia: de fato, a mãe tem uma reação muito pessoal face ao sofrimento dos filhos. Assim nos ama Deus, diz a Escritura.

E qual é o fruto desse amor, dessa misericórdia? É a vida! Jesus disse à viúva de Naim: "Não chores!", e depois chamou o jovem morto e despertou-o como que de um sono (cf. 13-15). Pensemos nisso, é belo: a misericórdia de Deus dá vida ao homem, o ressuscita da morte. O Senhor olha sempre para nós com misericórdia. Não nos esqueçamos disso: ele sempre olha para nós e nos aguarda com misericórdia. Não tenhamos medo de nos aproximar d'Ele! Ele tem um coração misericordioso! Se Lhe mostrarmos nossas feridas interiores, nossos pecados, Ele nos perdoará sempre. É misericórdia pura! Vamos ao encontro de Jesus!

A MISERICÓRDIA NA BÍBLIA

O imperativo de ouvir o clamor dos pobres se faz carne em nós, quando no mais íntimo de nós mesmos nos comovemos vendo o sofrimento alheio. Voltemos a ler alguns ensinamentos da palavra de Deus sobre a misericórdia, para que ressoem vigorosamente na vida da Igreja. O Evangelho proclama: "Bem-aventurados os misericordiosos, porque alcançarão misericórdia" (Mt 5,7). O apóstolo Tiago ensina que a misericórdia para com os outros nos permite sair triunfantes no juízo divino: "Falai, pois, e agi como os que hão de ser julgados pela Lei da liberdade, porque o julgamento será sem misericórdia para aquele que não pratica a misericórdia. A misericórdia, porém, desdenha o julgamento" (Tg 2,12-13).

A literatura sapiencial fala da esmola como exercício concreto da misericórdia para com os necessitados: "A esmola livra da morte e purifica de todo o pecado" (Tb 12,9). E de forma ainda mais expressiva se manifesta Ben-Sirá: "A água apaga o fogo ardente, e a esmola expia o pecado" (3,30). Encontramos a mesma síntese no Novo Testamento: "Cultivai, com todo o ardor, o amor mútuo, porque o amor cobre uma multidão de pecados" (1 Pd 4,8). Essa verdade permeou profundamente a mentalidade dos Padres da Igreja, tendo exercido uma resistência profética como alternativa cultural ao individualismo hedonista pagão.

A IGREJA COMO HOSPITAL

A Igreja hoje pode se considerada um "hospital de campo". Isso, me perdoem se repito, porque vejo assim, porque sinto assim: um "hospital de campo". É necessário curar as feridas, e elas são numerosas. Há tantas chagas! Existem muitas pessoas feridas por problemas materiais, por escândalos, até na Igreja... Pessoas feridas pelas ilusões do mundo... Nós, sacerdotes, devemos estar ali, próximos dessas pessoas. Misericórdia significa, antes de tudo, curar as feridas. Quando alguém está ferido, tem necessidade imediata disso, não de análises, como os valores do colesterol, da glicemia... Quando há uma ferida, tratemos de curá-la e depois examinemos as análises. Em seguida, que sejam feitos os tratamentos com um especialista, mas antes é necessário curar as chagas abertas. Para mim, nesse momento, isso é o mais importante. E existem também feridas ocultas, porque há pessoas que se afastam, para que não lhe vejamos as feridas... Vem-me ao pensamento o hábito, para a lei mosaica na época de Jesus, de afastar sempre os leprosos para que não contaminassem... Há pessoas que se distanciam porque sentem vergonha, aquela vergonha que as impede de mostrar as chagas... E se afastam talvez um pouco melindradas com a Igreja, mas no fundo, lá dentro, há uma ferida... O que elas querem é um afago! E vocês, amados irmãos — eu lhes pergunto — vocês conhecem as feridas dos seus paroquianos? Conseguem intuí-las? Permanecem junto deles? É a única pergunta...

A MISERICÓRDIA DA IGREJA

Acho que este é o tempo da misericórdia. Essa mudança de época e também os muitos problemas da Igreja — como um testemunho de alguns padres que não é bom, problemas de corrupção na Igreja, também o problema do clericalismo, só para exemplificar — deixaram muitos feridos, muitos feridos. E a Igreja é mãe: deve curar os feridos com misericórdia. E se o Senhor não se cansa de perdoar, não temos outra escolha senão esta: em primeiro lugar, curar os feridos. É mãe, a Igreja, e ela deve seguir o caminho da misericórdia. E encontrar misericórdia para todos. Mas acho que, quando o filho pródigo voltou para casa, o pai não lhe disse: "Olha, fica à vontade: o que você fez com o dinheiro?". Não! Ele fez festa! Talvez depois, quando o filho quis conversar, ele falou. A Igreja deve agir assim. Quando há alguém... não se limitar a esperar por ele, mas ir ao seu encontro! Essa é a misericórdia. E penso que esse é um *kairós* [momento certo]: esta época é um *kairós* de misericórdia.

A MISERICÓRDIA PARA PROTEÇÃO DOS DIREITOS

A misericórdia pede que o pobre encontre o caminho para deixar de sê-lo. Pede — a nós, Igreja, a nós, cidade de Roma, às instituições — que ninguém volte a precisar de um refeitório, de um abrigo ocasional, de um serviço de assistência legal para ver reconhecido o próprio direito de viver e trabalhar, de ser uma pessoa plena.

Servir, acompanhar, significa também defender, colocar-se do lado do mais fraco. Quantas vezes elevamos a voz para defender nossos direitos, mas quantas vezes ficamos indiferentes aos direitos dos outros! Quantas vezes não sabemos ou não queremos dar voz a quem — como vocês — sofreu e sofre, a quem viu os próprios direitos serem espezinhados, a quem viveu tanta violência que até sufocou o desejo de obter justiça!

Para toda a Igreja, é importante que o acolhimento do pobre e a promoção da justiça não sejam confiados apenas a "peritos", mas sejam uma atenção de toda a pastoral, da formação dos futuros sacerdotes e religiosos, do compromisso ordinário de todas as paróquias, dos movimentos e das congregações eclesiásticas.

DEUS NÃO PEDE NADA EM TROCA

Seguir Cristo, acompanhá-Lo, permanecer com Ele, exige um "sair". Um sair de nós mesmos, de um modo de viver a fé tedioso e rotineiro, da tentação de nos fecharmos em nossos esquemas, que acaba por encobrir o horizonte da ação criativa de Deus. Deus saiu de si mesmo para vir até nós, montou sua tenda entre nós, para nos trazer sua misericórdia que salva e dá esperança.

Deus pensa sempre com misericórdia, não se esqueçam disso: ele é o Pai misericordioso! Deus pensa como o pai que aguarda o regresso do filho, vai ao seu encontro e o vê chegar quando ele ainda está longe... O que isso significa? Que todo dia, ele vai ver se o filho voltou para casa: esse é nosso Pai misericordioso. É o sinal que o esperava de coração na varanda de casa. Deus pensa como o samaritano, que não passa perto do desventurado olhando-o com pena ou desviando o olhar, mas lhe presta socorro sem nada pedir em troca, sem lhe perguntar se é judeu, pagão, samaritano, rico ou pobre. Nada lhe pergunta, apenas vai em sua ajuda. Deus é assim. Deus pensa como o pastor que dá a vida para defender e salvar suas ovelhas.

A esperança

Confiem em Cristo. Ele é nossa esperança.
Discurso, 24 de julho de 2013

A ESPERANÇA NO REINO DE DEUS

Ao lermos as Escrituras, fica bem claro que a proposta do Evangelho não consiste só numa relação pessoal com Deus. E nossa resposta de amor também não deveria ser entendida como uma mera soma de pequenos gestos pessoais a favor de alguns indivíduos necessitados, o que poderia constituir uma espécie de "caridade por encomenda", uma série de ações destinadas apenas a tranquilizar a própria consciência. A proposta é o Reino de Deus (cf. Lc 4,43); trata-se de amar a Deus, que reina no mundo. À medida que Ele conseguir reinar entre nós, a vida social será um espaço de fraternidade, de justiça, de paz, de dignidade para todos. Por isso, tanto o anúncio como a experiência cristã tendem a provocar consequências sociais. Busquemos seu reino: "Buscai, em primeiro lugar, o Reino de Deus e a sua justiça, e todas essas coisas vos serão acrescentadas" (Mt 6,33). O projeto de Jesus é instaurar o Reino de seu Pai; por isso, ele pede aos discípulos: "Proclamai que o Reino dos Céus está próximo" (Mt 10,7).

O DONO DA ESPERANÇA

Em meio a tantos sofrimentos, tantos problemas que existem em Roma, há quem viva sem esperança. Cada um de nós pode pensar, em silêncio, nas pessoas que vivem sem esperança e estão imersas numa profunda tristeza, da qual procuram sair buscando a felicidade no álcool, nas drogas, nos jogos de azar, no poder do dinheiro, na sexualidade sem regras... Mas elas acabam por se sentir ainda mais desiludidas e por vezes manifestam sua raiva contra a vida com comportamentos violentos e indignos do homem. Quantas pessoas tristes, sem esperança! Pensem também nos muitos jovens, que, depois de terem experimentado muitas coisas, não encontram sentido na vida e buscam solução no suicídio. Vocês sabem quantos suicídios de jovens ocorreram hoje no mundo? O índice é alto! Por quê? Não têm esperança. Experimentaram muitas coisas, e a sociedade, que é cruel, não nos pode dar esperanças. A esperança é como a graça: não se pode comprar; é um dom de Deus. E nós devemos oferecer a esperança cristã com nosso testemunho, nossa liberdade, nossa alegria. O dom da graça que Deus nos dá traz esperança. Nós, que temos a alegria de perceber que não somos órfãos, que temos um Pai, podemos permanecer indiferentes a essa cidade, que nos pede, talvez também de forma inconsciente, sem perceber, uma esperança que ajude a olhar para o futuro com mais confiança e serenidade? Não podemos ser indiferentes. Mas como fazer isso? Como ir em frente e oferecer esperança? Ir pelas estradas dizendo: "Tenho esperança?". Não! Com seu testemunho, com seu sorriso, digam: "Creio que tenho um Pai". O anúncio do Evangelho é este: dizer com minha palavra, com meu testemunho: "Tenho um Pai. Não somos órfãos. Temos um Pai", e devemos partilhar essa filiação com o Pai e com todos os outros.

ESPERANÇA E POBREZA

Antes de mais nada, gostaria de dizer uma coisa a todos vocês, jovens: não deixem que lhe roubem a esperança! Por favor, não se deixem roubar! E quem é que rouba a esperança? O espírito mundano, as riquezas, o espírito da vaidade, a soberba, o orgulho. Todas essas coisas lhes roubam a esperança. E onde encontro esperança? Em Jesus pobre, em Jesus que Se fez pobre por nós. A pobreza me chama a semear esperança, para ter, também eu, mais esperança. Isso pode parecer um pouco difícil de entender, mas recordo que uma vez o padre Arrupe escreveu uma boa carta aos centros de pesquisa social, aos centros sociais da Companhia de Jesus, explicando como se deve estudar o problema social. E concluiu: "Não se pode falar em pobreza sem ter experiência com os pobres". Não se pode falar em pobreza de forma abstrata... Isso não existe! A pobreza é a carne de Jesus pobre, a criança que passa fome, a pessoa que está doente, as estruturas sociais injustas. Vamos, vejam ali a carne de Jesus. Mas não deixem que lhes roubem a esperança do bem-estar, o espírito do bem-estar, o que, no final, pode levá-los a ser um nada na vida! O jovem deve apostar em altos ideais, esse é meu conselho. Mas a esperança, onde a encontro? Na carne de Jesus sofredor e na verdadeira pobreza. As duas estão interligadas.

OS JOVENS E O FUTURO

O coração de vocês, um coração jovem, quer construir um mundo melhor. Acompanho as notícias do mundo e vejo que muitos jovens, em muitas partes do mundo, saíram às ruas para expressar o desejo de uma sociedade mais justa e fraterna. Os jovens nas ruas querem ser protagonistas de uma mudança. Por favor, não deixem para outros esse protagonismo! Vocês têm o futuro nas mãos! Através de vocês, o futuro vai entrar no mundo. Também lhes peço para serem protagonistas dessa mudança. Continuem a vencer a apatia, dando uma resposta cristã às inquietações sociais e políticas que estão surgindo em várias partes do mundo. Peço-lhes que sejam construtores do mundo, que trabalhem por um mundo melhor. Queridos jovens, por favor, não olhem a vida "da sacada"; entrem nela. Jesus não ficou na sacada, mergulhou... Mergulhem nela, como fez Jesus.

Resta, ainda, uma pergunta: por onde começar? A quem pedimos que dê o primeiro passo? Por você e por mim! Cada um, de novo em silêncio, pergunte a si mesmo: se devo começar por mim, por onde começo? Que cada um abra seu coração para que Jesus lhe diga por onde começar.

A ESPERANÇA DE MUDANÇA

Aqui, como em todo o Brasil, há muitos jovens. Olá, jovens! Vocês, queridos jovens, têm uma sensibilidade especial para as injustiças, mas muitas vezes se desiludem com notícias que falam de corrupção, com pessoas que, em vez de buscar o bem comum, buscam seu próprio benefício. Também para vocês e para todas as pessoas repito: nunca desanimem, não percam a confiança, não deixem que se apague a esperança. A realidade pode mudar, o homem pode mudar. Procurem ser os primeiros a praticar o bem, a não se acostumarem ao mal, mas a vencê-lo com o bem. A Igreja está ao lado de vocês, trazendo-lhes o bem precioso da fé, de Jesus Cristo, que veio "para que todos tenham vida, e a tenham em abundância" (Jo 10,10).

Hoje, a todos vocês, quero dizer: vocês não estão sozinhos; a Igreja está com vocês; o papa está com vocês. Levo cada um no coração e faço minhas as intenções que vocês carregam no seu íntimo: os agradecimentos pelas alegrias, os pedidos de ajuda nas dificuldades, o desejo de consolação nos momentos de tristeza e sofrimento.

SEMEAR A ESPERANÇA

Hoje, a sociedade italiana precisa de muita esperança, a Sardenha, em especial. Quem desempenha responsabilidades políticas e civis tem essa tarefa específica, que, como cidadãos, precisamos apoiar de modo concreto. Alguns membros da comunidade cristã são chamados a se comprometer no campo da política, que é uma forma alta de caridade, como dizia Paulo VI. Mas, como Igreja, temos todos uma responsabilidade grande, que é semear a esperança com obras de solidariedade, procurando colaborar sempre do melhor modo com as instituições públicas e respeitando as respectivas competências. A Cáritas é uma expressão da comunidade, e a força da comunidade cristã é fazer a sociedade crescer a partir de dentro, como o fermento. Penso em suas iniciativas com os presos nos cárceres, penso no voluntariado de tantas associações, na solidariedade com as famílias que sofrem mais por causa da falta de trabalho. Por isso, lhes digo: coragem! Não deixem que lhes roubem a esperança e sigam em frente! Que ela não lhes seja roubada! Ao contrário: semeiem a esperança! Obrigado, queridos amigos! Abençoo a todos, juntamente com suas famílias. Obrigado a todos vocês!

A alegria

Somos todos chamados a experimentar a alegria que brota do encontro com Jesus, para vencer o nosso egoísmo.
Mensagem, 17 de dezembro de 2013

A ALEGRIA DO ENCONTRO

A alegria não é a emoção de um momento; é outra coisa!

A verdadeira alegria não vem das coisas, do ter! Ela nasce do encontro, da relação com os demais, nasce do sentir-se aceito, compreendido, amado, e do aceitar, do compreender, do amar. E isso não pelo interesse do momento, mas porque o outro, ou a outra, é uma pessoa. A alegria nasce da gratuidade de um encontro! É ouvir-se dizer: "Você é importante para mim", não necessariamente com palavras. Isso é bonito... E é justamente isso que Deus nos faz compreender. Ao chamá-los, Deus lhes diz: "Vocês são importantes para mim; eu os amo, conto com vocês". Jesus diz isso a cada um de nós! Disso nasce a alegria, a alegria do momento no qual Jesus olhou para mim. Compreender e sentir isso é o segredo da nossa alegria. É sentir-se amado por Deus, sentir que para Ele não somos números, mas pessoas, e sentir que é Ele que nos chama. E a alegria do encontro com Ele e de seu chamado nos leva não a nos fechar, mas a nos abrir, leva ao serviço na Igreja. São Tomás dizia "Bonum est diffusivum sui" — O bem se propaga. Como a alegria. Não tenham medo de mostrar a alegria de ter respondido ao chamamento do Senhor, à sua escolha de amor e de testemunhar seu Evangelho no serviço à Igreja. E a alegria, a verdadeira alegria, é contagiosa... e nos faz seguir em frente.

A ALEGRIA PLENA DE JESUS

A vida é difícil e, muitas vezes, chega a ser até mesmo trágica! Ouvimos isso recentemente... Trabalhar é cansativo; procurar trabalho é cansativo. E encontrar emprego hoje envolve muito esforço! Mas, aquilo que mais pesa na vida não é isso; aquilo que pesa mais do que tudo é a falta de amor. Pesa não receber um sorriso, não ser benquisto. Pesam certos silêncios, às vezes mesmo em família, entre marido e mulher, entre pais e filhos, entre irmãos. Sem amor, o esforço se torna mais pesado, intolerável. Penso nos idosos sozinhos, nas famílias em dificuldade porque não têm ajuda para sustentar aqueles que, em casa, necessitam de cuidados e atenção especiais. "Vinde a Mim todos os que estão cansados e oprimidos", diz Jesus.

Queridas famílias, o Senhor conhece nossos esforços, conhece bem! E conhece nosso fardo. Mas o Senhor conhece também nosso desejo profundo de encontrar a alegria do alívio. Lembram? Jesus disse: "Que vossa alegria seja plena" (Jo 15,11). Jesus quer que nossa alegria seja completa! Ele disse isso aos apóstolos, e hoje repete isso para nós. Esta é a primeira coisa que quero partilhar com vocês esta tarde, uma palavra de Jesus: Vinde a Mim, famílias de todo o mundo — diz Jesus —, e Eu irei aliviá-los, para que sua alegria seja completa. E essa palavra de Jesus, levem-na para casa, levem-na no coração, compartilhem-na em família. Ele nos convida a irmos ter com Ele, para nós dar, a todos, alegria.

COMPARTILHAR A ALEGRIA

De madrugada, as mulheres vão ao sepulcro para ungir o corpo de Jesus e encontram o primeiro sinal: o túmulo vazio (cf. Mc 16,1). Depois, acontece o encontro com um mensageiro de Deus, que anuncia: Jesus de Nazaré, o crucificado, não está mais aqui; ele ressuscitou (cf. vv. 5-6). As mulheres são impelidas pelo amor e sabem acolher essa notícia com fé: acreditam e imediatamente a transmitem; não a conservam para si. A alegria de saber que Jesus está vivo, a esperança que enche o coração não podem ser contidas. Isso deveria acontecer também em nossa vida. Sintamos a alegria de ser cristãos! Acreditemos num ressuscitado que venceu o mal e a morte! Tenhamos a coragem de "sair" para levar essa alegria e essa luz a todos os lugares da nossa vida! A ressurreição de Cristo é nossa maior certeza, o tesouro mais precioso! Como não compartilhar com os outros esse tesouro? Ele não é somente nosso, mas devemos transmiti-lo, comunicá-lo aos outros, compartilhá-lo com o próximo. Consiste justamente nisso nosso testemunho.

A ALEGRA DO CRISTÃO

Queridos amigos, se caminhamos na esperança, deixando-nos surpreender pelo vinho novo que Jesus nos oferece, há alegria no nosso coração, e não podemos deixar de ser testemunhas dessa alegria. O cristão é alegre, nunca está triste. Deus nos acompanha. Temos uma Mãe que sempre intercede pela vida dos filhos, por nós.

Jesus nos mostrou que a face de Deus é a de um Pai que nos ama. O pecado e a morte foram derrotados. O cristão não pode ser pessimista! Não pode ter cara triste. Se estivermos verdadeiramente enamorados de Cristo e sentirmos o quanto Ele nos ama, nosso coração se "incendiará" de tal alegria que contagiará quem estiver ao nosso lado. Como dizia Bento XVI, aqui neste santuário: "O discípulo sabe que sem Cristo não há luz, não há esperança, não há amor, não há futuro".

Queridos amigos, viemos bater à porta da casa de Maria. Ela abriu, nos convidou a entrar e nos mostra seu Filho. Agora, nos pede: "Fazei tudo o que ele vos disser" (Jo 2,5). Sim, Mãe, nós nos comprometemos a fazer o que Jesus nos disser! E o faremos com esperança, confiantes nas surpresas de Deus e cheios de alegria. Assim seja.

ALEGRIA EM FAMÍLIA

Como se vive a alegria em sua casa? Como se vive a alegria em sua família? Deem vocês mesmos a resposta.

Queridas famílias, como bem sabem, a verdadeira alegria que se experimenta na família não é algo superficial, não vem das coisas, das circunstâncias favoráveis... A verdadeira alegria vem da harmonia profunda entre as pessoas, que todos sentem no coração, e que nos faz sentir a beleza de estarmos juntos, de nos apoiarmos uns nos outros no caminho da vida. Mas, na base desse sentimento de alegria profunda, está a presença de Deus, a presença de Deus na família, seu amor acolhedor, misericordioso, cheio de respeito por todos. E, acima de tudo, um amor paciente: a paciência é uma virtude de Deus e nos ensina, na família, a ter esse amor paciente uns com os outros. Só Deus sabe criar harmonia a partir das diferenças. Se o amor de Deus falta, a família também perde a harmonia, os individualismos prevalecem, a alegria se apaga. Pelo contrário, a família que vive a alegria da fé, a comunica espontaneamente, é sal da terra e luz do mundo, é fermento para toda a sociedade.

DIVERSÃO E ALEGRIA

A diversão, se queremos experimentá-la em todos os momentos, acaba se transformando em inconsequência, em superficialidade, e nos leva a um estado de falta de sabedoria cristã, nos torna um pouco bobos e ingênuos. Tudo é divertido? Não. A alegria é outra coisa. É um presente do Senhor. Preenche-nos por dentro. É como uma unção do Espírito Santo.

E essa alegria está na segurança de que Jesus está conosco e com o Pai. Outro dia eu disse que Paulo andava pregando, estabelecendo pontes porque tinha segurança em Jesus. É essa mesma segurança que nos dá alegria. O alegre, a alegre, é um homem, uma mulher, seguro, segura, de que Jesus está conosco. Mas é uma segurança que podemos ter sempre? É uma segurança que podemos engarrafar e manter sempre conosco? Não, porque, se desejamos ter essa alegria apenas para nós, por fim ela adoece e nosso coração fica meio enrugado e nosso rosto não transmite mais aquela grande alegria, mas, sim, uma nostalgia, uma melancolia, que não é saudável. Às vezes esses cristãos melancólicos exibem um rosto azedo, e não um rosto de quem é alegre e tem uma vida bela.

No entanto, a alegria não pode parar: deve seguir adiante porque é uma virtude peregrina. É um presente que caminha, que caminha pela estrada da vida, que caminha com Jesus: pregar, anunciar Jesus, anunciar a alegria, alonga e amplia a estrada.

E é uma virtude dos grandes, dos que estão acima das picuinhas, dos que estão acima da pequenez humana e não se deixam envolver nas coisinhas internas da comunidade, da Igreja, e observam sempre o horizonte. A alegria é uma virtude do caminho. Santo Agostinho disse: "Canta e caminha!". Essa é a alegria do cristão: o cristão canta com alegria, caminha e leva essa alegria. Essa alegria por vezes se esconde um pouco da cruz, mas canta e caminha.

A fé

*Graças à fé, compreendemos a dignidade
única de cada pessoa.*

Lumen fidei, n. 54

FÉ E JUSTIÇA

A fé nos ajuda a encontrar modelos de desenvolvimento que não se baseiam apenas na utilidade e no lucro, mas consideram a Criação como um dom de que todos somos devedores. A fé nos ensina a identificar formas justas de governo, reconhecendo que a autoridade vem de Deus e está a serviço do bem comum.

Quando a fé esmorece, há o risco de esmorecerem também os fundamentos do viver, como advertia o poeta T. S. Eliot: "Precisais porventura que se vos diga que até aqueles modestos sucessos/ que vos permitem ser orgulhosos de uma sociedade instruída/ dificilmente sobreviveriam à fé a que devem seu significado?". Se tirarmos a fé em Deus de nossas cidades, a confiança entre nós se enfraquecerá, apenas o medo nos manterá unidos, e a estabilidade ficará ameaçada. A Carta aos Hebreus afirma: "Deus não se envergonha de ser chamado o seu Deus. Pois, de fato, preparou-lhes uma cidade" (Hb 11,16). A expressão "não se envergonha" sugere um reconhecimento público: pretende-se afirmar que Deus, com seu agir concreto, confessa publicamente sua presença entre nós e seu desejo de fortalecer as relações entre os homens. Porventura nós nos envergonharemos de chamar Deus de "nosso Deus"? Por acaso nós nos recusaremos a confessá-Lo como tal na nossa vida pública, a propor a grandeza da vida comum que Ele torna possível? A fé ilumina a vida social. Possui uma luz criadora para cada momento novo da história, porque coloca todos os acontecimentos em relação à origem e ao destino de tudo no Pai que nos ama.

A REVOLUÇÃO DA FÉ

"Bote fé." A cruz da Jornada Mundial da Juventude peregrinou pelo Brasil inteiro com este apelo: "Bote fé". O que ele significa? Quando se prepara um bom prato e se nota que falta sal, você então "bota" sal; se faltar azeite, você "bota" azeite... *Botar* quer dizer colocar, derramar. É assim também na nossa vida, queridos jovens: se queremos que ela tenha sentido e plenitude, como vocês mesmos desejam e merecem, digo a cada um e a cada uma de vocês: "Bote fé", e a vida terá novo sabor, terá uma bússola que indica a direção. "Bote esperança", e todos os seus dias serão iluminados, e seu horizonte já não será escuro, mas luminoso. "Bote amor", e sua existência será como uma casa construída sobre a rocha, e seu caminho será alegre, porque você vai encontrar muitos amigos que caminham com você.

Todos sentimos muitas vezes a tentação de nos colocar no centro, de acreditar que somos o centro do universo, de achar que somente nós construímos nossa vida, ou de pensar que ela se enche de felicidade com o possuir, o dinheiro, o poder. Mas todos sabemos que não é assim! É verdade, o ter, o dinheiro, o poder, podem gerar momentos de embriaguez e dar a ilusão de felicidade, mas, no final das contas, são eles que nos possuem e nos levam a querer sempre mais e a nunca estarmos saciados. E acabamos empanturrados, mas não nutridos. É muito triste ver uma juventude empanturrada, mas fraca. A juventude deve ser forte, se alimentar de sua fé e não se empanturrar com outras coisas!

Queridos amigos, a fé é revolucionária, e eu hoje lhes pergunto: você está disposto, você está disposta, a entrar na onda revolucionária da fé? Somente entrando nessa onda é que sua jovem vida adquirirá sentido e será fecunda!

FÉ E CARIDADE

Uma fé vivida de modo sério suscita comportamentos de autêntica caridade. Dispomos de numerosos testemunhos simples de pessoas que se tornam apóstolos da caridade na família, em escolas, paróquias, em locais de trabalho e de encontro social, nas ruas, em toda a parte... Elas assumiram seriamente o Evangelho! O verdadeiro discípulo do Senhor se compromete pessoalmente num ministério da caridade, que tem como dimensão as pobrezas multifacetadas e inesgotáveis do homem.

Caros amigos, também vocês se sentem enviados para junto das irmãs e dos irmãos mais pobres, frágeis e marginalizados. E agem assim como batizados, considerando isso uma tarefa que lhes compete como fiéis leigos. E não como um ministério extraordinário ou fortuito, mas fundamental, com o qual a Igreja se identifica e que pratica cotidianamente. Todo dia se apresentam situações que nos desafiam. Todo dia cada um de nós é chamado a consolar, a se fazer de instrumento humilde mas generoso da Providência divina e de sua bondade misericordiosa, de seu amor que compreende e se compadece, de sua consolação que anima e encoraja. Todo dia todos somos chamados a ser uma "carícia de Deus" para aqueles que se esqueceram dos primeiros afagos ou que talvez nunca tenham recebido uma carícia na vida.

A CERTEZA DA FÉ

Na nossa época se observa com frequência uma atitude de indiferença em relação à fé, que deixou de ser considerada relevante na vida do homem. A nova evangelização tem como objetivo despertar, no coração e na mente de nossos contemporâneos, a vida da fé. A fé é um dom de Deus, mas é importante que nós, cristãos, demonstremos que vivemos a fé de maneira concreta, através do amor, da concórdia, da alegria e do sofrimento, porque isso desperta questionamentos, como no início do caminho da Igreja. Por que vivem assim? O que os impele? Essas são perguntas que levam ao cerne da evangelização, que é o testemunho da fé e da caridade. Necessitamos, especialmente nesta época, de testemunhas críveis, que, com a vida e também com a palavra, tornem o Evangelho visível e despertem a atração por Jesus Cristo e pela beleza de Deus.

São necessários cristãos que tornem visível aos homens de hoje a misericórdia de Deus e sua ternura por todas as criaturas. Todos sabemos que a crise da humanidade contemporânea não é superficial, mas profunda. Por isso, enquanto exorta o indivíduo a ter a coragem de nadar contra a corrente, de abandonar os ídolos e se converter ao único Deus verdadeiro, a nova evangelização não pode deixar de recorrer à linguagem da misericórdia, feita de gestos e de atitudes, mais ainda que de palavras. A Igreja, no meio da humanidade de hoje, diz: "Vinde a Jesus, vós todos que estais cansados e oprimidos, e encontrareis descanso para as vossas almas" (cf. Mt 11,28-30). Vinde a Jesus! Só Ele tem palavras de vida eterna.

A FÉ DE MARIA

Progredir na fé, avançar nessa peregrinação espiritual que é a fé, não é nada mais que seguir a Jesus, ouvi-Lo e deixar-se guiar pelas Suas palavras, ver como Ele se comporta e colocar os pés nas Suas pegadas, ter os sentimentos e as atitudes d'Ele. E quais são os sentimentos e as atitudes de Jesus? Humildade, misericórdia, solidariedade, mas também firme repulsa à hipocrisia, ao fingimento, à idolatria. O caminho de Jesus é o do amor fiel até o fim, até o sacrifício da vida; é o caminho da cruz. Por isso, o caminho da fé passa pela cruz. Maria compreendeu isso desde o princípio, quando Herodes quis matar Jesus recém-nascido. Mas, depois, essa cruz se tornou mais profunda, quando Jesus foi rejeitado. Maria estava sempre com Jesus, seguia Jesus no meio do povo, escutava os mexericos, o ódio daqueles que não queriam bem ao Senhor. E, essa cruz, Ela a levou! A fé de Maria enfrentou a incompreensão e o desprezo. Quando chegou a hora de Jesus, ou seja, a hora da paixão, a fé de Maria foi uma pequena chama na noite, uma pequena chama no meio da noite. Na noite do sábado santo, Maria esteve de vigia. Sua chama, pequena, mas clara, permaneceu acesa até o alvorecer da ressurreição. E, quando lhe chegou a notícia de que a sepultura estava vazia, em seu coração se alastrou a alegria da fé, a fé cristã na morte e na ressurreição de Jesus Cristo. Porque a fé sempre nos traz alegria, e Ela é a Mãe da alegria. Que Ela nos ensine a caminhar pela estrada da alegria e a viver essa alegria! Esse é o ponto culminante — essa alegria, esse encontro entre Jesus e Maria... Esse encontro é o ponto culminante do caminho da fé de Maria e de toda a Igreja. Como está nossa fé? Acesa, como a de Maria, mesmo nos momentos difíceis, de escuridão? Eu senti a alegria da fé?

TESTEMUNHAR A FÉ

A fé é fundamental na experiência cristã, porque motiva as escolhas e os atos de nossa vida diária. Ela é a veia inexaurível de todo nosso agir em família, no trabalho, na paróquia, com os amigos e nos vários ambientes sociais. E essa fé firme, genuína, se manifesta sobretudo nos momentos de dificuldade e de prova, quando o cristão se deixa orientar por Deus e se aproxima dele com a segurança de confiar em um amor forte como rocha indestrutível. Justamente nas situações de sofrimento, se nos abandonarmos a Deus com humildade, poderemos dar um bom testemunho.

Somos testemunhas de que a fé em Cristo é capaz de aquecer os corações, tornando-se realmente a força motriz da nova evangelização. Uma fé vivida em profundidade e com convicção tende a se abrir em amplo leque ao anúncio do Evangelho. É essa fé que torna nossas comunidades missionárias! E de fato há necessidade de comunidades cristãs imbuídas de um apostolado corajoso, que alcance as pessoas em seu ambiente, até nos mais difíceis.

Falamos tanto de pobreza, mas nem sempre pensamos nos pobres de fé: há muitos. São todas as pessoas que precisam de um gesto humano, de um sorriso, de uma palavra verdadeira, de um testemunho por meio do qual sentir a proximidade de Jesus Cristo. Que a ninguém falte esse sinal de amor e de ternura que nasce da fé.

FÉ PARA COMPARTILHAR

A fé é um precioso dom de Deus, que abre nossa mente para que possamos conhecê-Lo e amá-Lo. Ele deseja começar um relacionamento conosco para nos fazer participar dessa mesma vida e torná-la mais plena de significado, melhor, mais bela. Deus nos ama! A fé, no entanto, pede para ser escutada, pede uma resposta pessoal nossa: a coragem de confiar em Deus, de viver Seu amor, de ser grato pela Sua infinita misericórdia. É um dom, portanto, que não é reservado a poucos, mas oferecido com generosidade. Todos deveriam poder experimentar a alegria de se sentir amados por Deus, a alegria da salvação! É um dom que não se pode obter apenas para si mesmo, mas deve ser partilhado. Se desejarmos tê-lo apenas para nós próprios, nos tornaremos cristãos isolados, estéreis e doentes.

O anúncio do Evangelho é parte do ser discípulo de Cristo e é um empenho constante que anima toda a vida da Igreja. "O ímpeto missionário é um sinal claro da maturidade de uma comunidade eclesiástica" (Bento XVI, Exortação Apostólica *Verbum Domini*, 95). Toda comunidade "adulta" quando professa a fé, a celebra com alegria na liturgia, vive a caridade e anuncia sem pausa a palavra de Deus, saindo do próprio espaço para levá-la também às "periferias", sobretudo àqueles que ainda não tiveram a oportunidade de conhecer Cristo. A solidez da nossa fé, no nível pessoal e comunitário, mede-se também pela nossa capacidade de comunicá-la aos outros, de difundi-la, de vivê-la na caridade, de testemunhá-la a quantos encontrarmos e compartilharem conosco o caminho da vida.

Jesus

Aprendamos com Jesus a pregar, a perdoar, a semear a paz, a sermos próximos dos que necessitam.
Twitter, 18 de fevereiro de 2014

FAZER COMO JESUS

Primeiro, o ato de fé. Antes da aceitação de Jesus Cristo, que nos recriou com seu sangue, estávamos no caminho da injustiça; agora, estamos no caminho da santificação, mas devemos levá-la a sério. Isso significa praticar atos de justiça. Acima de tudo adorar a Deus e, depois, fazer como nos aconselha Jesus: ajudar os outros, dar de comer aos famintos, dar água aos sedentos, visitar os enfermos, visitar os encarcerados. Essas ações são as obras que Jesus fez na vida, atos de justiça, obras de re-Criação. Quando damos de comer a um faminto, recriamos nele a esperança, e assim muitos outros. No entanto, se aceitamos a fé e depois não a vivemos, somos cristãos, mas apenas em memória: sim, fui batizado, essa é a fé do Batismo; mas vivo como posso.

Às vezes dizemos: somos cristãos pela metade, que não consideram seriamente o fato de serem santificados pelo sangue de Cristo. E se não leva a sério essa santificação, o indivíduo se torna um cristão morno... Um pouco de verniz cristão, um pouco de catequese, mas dentro não há uma verdadeira conversão, não há a convicção de Paulo: "Tudo eu considero perda, pela excelência do conhecimento de Jesus Cristo, meu Senhor. Por ele, eu perdi tudo e tudo tenho como esterco, para ganhar a Cristo" (Fp 3,8).

A REJEIÇÃO A PRECONCEITOS

Jesus supera as barreiras de hostilidade que existiam entre judeus e samaritanos e rompe os esquemas do preconceito em relação às mulheres. O pedido simples de Jesus é o início de um diálogo genuíno, mediante o qual Ele, com grande delicadeza, entra no mundo interior de uma pessoa, à qual, segundo os esquemas sociais, não deveria sequer ter dirigido a palavra. Mas Jesus o faz! Ele não tem medo. Jesus, quando vê uma pessoa, segue em frente, porque ama. Ama-nos a todos. Nunca se detém diante de uma pessoa por preconceito. Jesus a coloca diante de sua situação, sem julgá-la, mas fazendo-a se sentir considerada, reconhecida, e, desse modo, inspira nela o desejo de ir além da rotina diária.

O Evangelho diz que os discípulos ficaram surpresos com o fato de seu mestre falar com aquela mulher. Mas o Senhor é superior aos preconceitos, e por isso não receou falar com a samaritana: a misericórdia é maior que o preconceito. Devemos aprender bem isso! A misericórdia é maior que o preconceito, e Jesus é muito misericordioso, muito!

A samaritana encontrou a água que procurava desde sempre! Corre para a aldeia, a aldeia que a julgava, condenava e rejeitava, e anuncia que encontrou o Messias, alguém que mudou sua vida. Porque cada encontro com Jesus muda nossa vida, sempre. É um passo adiante, mais próximo de Deus. E, assim, cada encontro com Jesus muda nossa vida. É sempre assim.

SEGUINDO JESUS

Jesus diz: vim para trazer a separação. Jesus não quer separar os homens; pelo contrário. Jesus é nossa paz, nossa reconciliação! Mas essa paz não é a paz das sepulturas, não é a neutralidade. Jesus não traz a neutralidade; essa paz não é um compromisso a qualquer preço. Seguir Jesus implica a renúncia ao mal, ao egoísmo, e a escolha do bem, da verdade e da justiça, mesmo quando isso exige sacrifício e renúncia aos próprios interesses. E isso, sim, separa. Como sabemos, separa até os vínculos mais estreitos. Mas, atenção: não é Jesus que separa! Ele propõe o critério: viver para si mesmo, ou para Deus e para o próximo; ser servido, ou servir; obedecer ao próprio eu, ou obedecer a Deus. É nesse sentido que Jesus é um "sinal de contradição" (Lc 2,34).

A verdadeira força do cristão é o vigor da verdade e do amor, que requer a renúncia a toda violência. Fé e violência são incompatíveis! Fé e fortaleza, ao contrário, caminham juntas. O cristão não é violento, mas forte. E com que força? A força da mansidão, a força do amor.

A CRUZ

Deus colocou na cruz de Jesus todo o peso dos nossos pecados, todas as injustiças perpetradas por cada Caim contra seu irmão, toda a amargura da traição de Judas e de Pedro, toda a vaidade dos prepotentes, toda a arrogância dos falsos amigos. Era uma cruz pesada, como a noite das pessoas abandonadas, pesada como a morte das pessoas queridas, pesada porque resume toda a fealdade do mal. Contudo, é também uma cruz gloriosa como a aurora de uma longa noite, porque em tudo representa o amor de Deus, que é maior que nossas iniquidades e traições. Na cruz vemos a monstruosidade do homem, quando se deixa guiar pelo mal, mas vemos também a imensidão da misericórdia de Deus, que não nos trata segundo nossos pecados, mas em conformidade com sua misericórdia.

Diante da cruz de Jesus, vemos, quase a ponto de tocar com a mão, como somos eternamente amados; perante a cruz, nos sentimos filhos, e não coisas ou objetos.

Recordemos todas as pessoas abandonadas sob o peso da cruz, a fim de que encontrem na prova da cruz a força da esperança, da esperança da ressurreição e do amor de Deus.

O CONVITE DE JESUS

Fascinados pelo modelo de Jesus, queremos integrar-nos profundamente na sociedade, partilhamos a vida com todos, ouvimos suas preocupações, colaboramos material e espiritualmente em suas necessidades, nos alegramos com os que estão alegres, choramos com os que choram e nos comprometemos com a construção de um mundo novo, ao lado dos outros. Mas não como uma obrigação, nem como um peso que nos desgasta, mas como uma opção pessoal que nos enche de alegria e nos dá identidade.

Às vezes nos sentimos tentados a ser cristãos, mantendo uma prudente distância das chagas do Senhor. Mas Jesus quer que toquemos a miséria humana, que toquemos a carne sofredora dos outros. Espera que renunciemos àqueles abrigos pessoais ou comunitários que nos permitem nos mantermos à distância do cerne do drama humano, a fim de aceitarmos verdadeiramente entrar em contato com a vida concreta dos outros e conhecermos a força da ternura. Quando o fazemos, a vida se complica sempre maravilhosamente e vivemos a intensa experiência de ser povo, a experiência de pertencer a um povo.

Jesus não nos quer príncipes que olham com desdém, mas homens e mulheres do povo.

JESUS CONOSCO

Jesus, com sua cruz, atravessa nossos caminhos e carrega nossos medos, nossos problemas, nossos sofrimentos, mesmo os mais profundos. Com a cruz, Jesus se une ao silêncio das vítimas da violência que já não podem gritar, sobretudo os inocentes e indefesos. Na cruz, Jesus se une às famílias que passam por dificuldades, e as que choram a trágica perda de filhos, caso dos 242 jovens vítimas do incêndio na cidade de Santa Maria no início de 2013. Rezemos por eles. Na cruz, Jesus se une a todas as pessoas que passam fome, num mundo que no entanto se permite o luxo de todos os dias jogar fora toneladas de comida. Na cruz, Jesus está unido a tantas mães e pais que sofrem vendo seus filhos vítimas de paraísos artificiais, como a droga. Na cruz, Jesus se une a quem é perseguido pela religião, pelas ideias, ou simplesmente pela cor da pele. Na cruz, Jesus está unido a muitos jovens que perderam a confiança nas instituições políticas, em razão do egoísmo e da corrupção, ou que perderam a fé na Igreja, e até mesmo em Deus, pela incoerência de cristãos e de ministros do Evangelho. Como nossas incoerências fazem Jesus sofrer! Na cruz de Cristo está o sofrimento, o pecado do homem, também o nosso, e Ele acolhe tudo de braços abertos, carregando nas costas nossas cruzes e nos dizendo: "Coragem! Você não está sozinho! Eu a levo com você. Venci a morte e vim para lhe dar esperança, lhe dar vida" (cf. Jo 3,16).

JESUS E O SOFRIMENTO

As razões do sofrimento são muitas. Jesus experimentou neste mundo a aflição e a humilhação. Recolheu os sofrimentos humanos, assumiu-os na carne, viveu-os até o fim, um por um. Conheceu todo tipo de aflição, moral e física: experimentou a fome e a fadiga, a amargura da incompreensão; foi traído e abandonado, flagelado e crucificado.

Mas dizendo "bem-aventurados sejam os que choram", Jesus não pretende chamar de feliz uma condição desfavorável e difícil da vida. O sofrimento não é um valor em si, mas uma realidade que Jesus ensina a viver com a atitude justa. Com efeito, há modos justos e modos errados de viver a dor e o sofrimento. Uma atitude errada é viver a dor de modo passivo, abandonando-se com inércia e resignação. Também a reação de rebelião e de rejeição não é uma atitude justa. Jesus ensina a viver a dor aceitando a realidade da vida com confiança e esperança, colocando o amor a Deus e ao próximo também no sofrimento: é o amor que transforma tudo.

JESUS E O SERVIÇO

Cristo veio ao mundo para nos trazer a graça divina, isto é, a possibilidade de participar em sua vida. Isso implica tecer um relacionamento fraterno, caracterizado pela reciprocidade, pelo perdão, pela total doação de si, segundo a grandeza e a profundidade do amor de Deus, oferecido à humanidade por Aquele que, crucificado e ressuscitado, atrai todos para Si: "Dou-vos um mandamento novo: que vos ameis uns aos outros. Como eu vos amei, amai-vos também uns aos outros. Nisto reconhecerão todos que sois meus discípulos, se tiverdes amor uns pelos outros" (Jo 13,34-35). Esta é a boa nova que requer, de cada um, um passo a mais, um exercício perene de empatia, de escuta do sofrimento e da esperança do outro, mesmo daquele que está mais distante de mim, encaminhando-se pela estrada, carente daquele amor que sabe se doar e se consumir gratuitamente pelo bem de cada irmão e irmã.

Cristo abraça todo ser humano e deseja que ninguém se perca. "Deus não enviou o seu Filho ao mundo para julgar o mundo, mas para que o mundo seja salvo por Ele" (Jo 3,17). Faz isso sem oprimir, sem forçar ninguém a Lhe abrir as portas do coração e da mente. "O maior dentre vós torne-se como o mais jovem, e o que governa como aquele que serve", diz Jesus Cristo. "Eu, porém, estou no meio de vós como aquele que serve!" (Lc 22,26-27). Desse modo, cada atividade deve ser caracterizada como uma atitude de serviço às pessoas, incluindo as mais distantes e desconhecidas. O serviço é a alma da fraternidade que edifica a paz.

A HUMILDADE DE JESUS

Nós esperamos que Deus, na sua onipotência, derrote a injustiça, o mal, o pecado e o sofrimento, com uma vitória divina triunfante. Deus nos mostra, ao contrário, uma vitória humilde, que, humanamente, parece uma falência. Podemos dizer que Deus vence na derrota! Com efeito, o Filho de Deus se mostra na cruz como um homem derrotado: padece, é atraiçoado, vilipendiado e finalmente morre. Mas Jesus permite que o mal se desencadeie sobre Ele e assume-o para si a fim de derrotá-lo. Sua paixão não é um acidente; sua morte — aquela morte — estava "escrita". Verdadeiramente, não encontramos muita explicação. Trata-se de um mistério desconcertante, o mistério da grande humildade de Deus.

Jesus quis trilhar esse caminho, esse caminho de humilhação, e nos convida a segui-Lo. Quando, em certos momentos da vida, não encontramos saída para nossas dificuldades, quando nos precipitamos na escuridão mais profunda, esse é o momento de nossa humilhação e despojamento total, a hora em que experimentamos que somos frágeis e pecadores. É justamente então, nesse momento, que não devemos disfarçar nossa derrota, mas nos abrir, confiantes, à esperança em Deus, como fez Jesus.

A Bíblia

A palavra de Deus é a alma da teologia e, ao mesmo tempo, inspiradora de toda existência cristã.
Discurso, 12 de abril de 2013

A VIÚVA QUE IMPLORA A UM JUIZ

Jesus conta uma parábola sobre a necessidade de rezar sempre, sem esmorecer. A protagonista é uma viúva que, por muito suplicar a um juiz desonesto, consegue convencê-lo a ser justo. E Jesus conclui: se a viúva conseguiu convencer o juiz, vocês gostariam que Deus não nos escutasse, se rezamos com insistência? A expressão de Jesus é muito forte: "E Deus não faria justiça a seus eleitos que clamam a ele dia e noite [...]?" (Lc 18,7).

"Clamar dia e noite" por Deus! Essa imagem da reza nos atinge. No entanto, nos perguntemos: por que Deus deseja isso? Ele já não conhece nossas necessidades? Qual o sentido de "insistir" com Deus?

Essa é uma boa pergunta, que nos leva a nos aprofundarmos num aspecto muito importante da fé: Deus nos convida a rezar com insistência não porque não saiba do que necessitamos ou não nos escute. Ao contrário, Ele escuta sempre e conhece a todos nós, com amor. No nosso caminho cotidiano, especialmente nas dificuldades, na batalha contra o mal fora e dentro de nós, o Senhor não está longe, está ao nosso lado. Lutamos com Ele ao lado, e nossa arma é exatamente a reza, que nos faz sentir Sua presença ao nosso lado, Sua misericórdia e também Sua ajuda. No entanto, a luta contra o mal é dura e longa, exige paciência e resistência. É assim: existem batalhas a serem enfrentadas todos os dias, mas Deus é nosso aliado, a fé n'Ele é nossa força, e a reza é a expressão dessa fé.

Aprendamos com a viúva do Evangelho a insistir sempre, sem esmorecer. Era corajosa essa viúva! Sabia lutar pelos seus filhos! E me lembro de muitas mulheres que lutam pelas suas famílias, que rezam, que não se cansam jamais. Uma recordação, hoje, para todos nós: a essas mulheres que, com sua atitude, nos dão um verdadeiro testemunho de fé, coragem, um modelo de reza.

O EVANGELHO INDICA O CAMINHO

As elaborações conceituais existem para favorecer o contato com a realidade que pretendem explicar, e não para nos distanciar dela. Isso vale sobretudo para as exortações bíblicas que convidam, com muita determinação, ao amor fraterno, ao serviço humilde e generoso, à justiça, à misericórdia para com o pobre. Jesus nos ensinou, com palavras e gestos esse caminho de reconhecimento do outro. Para que ofuscar o que é tão claro? Não nos preocupemos apenas em não cometer erros doutrinais, mas também em ser fiéis a esse caminho luminoso de vida e sabedoria. Porque "é frequente dirigir aos defensores da 'ortodoxia' a acusação de passividade, indulgência ou cumplicidade condenáveis frente a situações intoleráveis de injustiça e regimes políticos que as preservam".

Nem sempre conseguimos expressar a beleza do Evangelho adequadamente, mas há um gesto que nunca deve faltar: a opção pelos rejeitados, por aqueles que a sociedade descarta e lança fora.

Às vezes somos duros de coração e de mente, nos esquecemos disso e nos entretemos e nos encantamos com as imensas possibilidades de consumo e distração que a sociedade oferece. Produz-se assim uma espécie de alienação que afeta a todos, pois "alienada é a sociedade que, nas suas formas de organização social, de produção e de consumo, torna mais difícil a realização desse dom e a constituição dessa solidariedade interpessoal".

O BOM SAMARITANO

Não tenha vergonha da carne do seu irmão (cf. *Reflexiones en esperanza*, cap. 1). No final, seremos julgados pelo modo como nos aproximamos de "cada carne" — como se diz em Isaías. Não se envergonhe da carne do seu irmão! "Aproximemo-nos": proximidade, afinidade; aproximemo-nos da carne do nosso irmão. O sacerdote e o levita que passaram antes do bom samaritano não souberam se aproximar daquele indivíduo maltratado pelos bandidos. Seu coração estava fechado. Talvez o sacerdote tenha olhado o relógio e dito: "Preciso ir à missa; não posso me atrasar para a missa", e foi embora. Justificativas! Quantas vezes encontramos justificativas para evitar um problema, uma pessoa. O outro, o levita, ou o doutor da lei, o advogado, disse: "Não, não posso, porque, se eu fizer isso, amanhã vou ter que prestar testemunho e vou perder tempo...". Desculpas!... Eles tinham o coração fechado. Mas o coração fechado sempre se justifica por aquilo que não realiza. O samaritano, ao contrário, abre o coração, deixa-se comover em suas vísceras, e esse movimento interior se traduz em ação prática, em uma intervenção concreta para ajudar aquela pessoa.

No final dos tempos, só serão admitidos à contemplação da carne glorificada de Cristo aqueles que não tiverem se envergonhado da carne de seu irmão ferido e excluído.

O EXEMPLO DE ZAQUEU

Gostaria de recordar um episódio de cerca de 2 mil anos, narrado no evangelho de São Lucas (19,1-10): o encontro de Jesus Cristo com o rico publicano Zaqueu, que tomou uma decisão radical de partilha e justiça quando sua consciência foi despertada pelo olhar de Jesus. Esse é o espírito que deveria estar na origem e no final de toda ação política e econômica. O olhar, muitas vezes sem voz, daquela parte de humanidade descartada, deixada para trás, deve comover a consciência dos agentes políticos e econômicos e levar a escolhas generosas e corajosas, que tenham resultados imediatos, como a de Zaqueu. Esse espírito de solidariedade e partilha guia todos os nossos pensamentos e todas as nossas ações? Eu me pergunto.

Sobretudo hoje, a consciência da dignidade de cada irmão, cuja vida é sagrada e inviolável desde sua concepção até o fim natural, deve nos levar a partilhar, com total gratuidade, os bens que a Providência colocou em nossas mãos, sejam elas riquezas materiais sejam elas obras de inteligência e espírito, e a restituir com generosidade e abundância o que injustamente possamos ter negado aos outros.

O episódio de Jesus Cristo e Zaqueu nos ensina que uma abertura generosa, eficaz e concreta às necessidades dos outros deve estar sempre acima dos sistemas e das teorias econômicas e sociais. Jesus não pede a Zaqueu que mude de profissão, nem que denuncie a própria atividade comercial; só o induz a colocar tudo, livre e imediatamente e sem discussões, a serviço dos homens. Tudo isso permite que eu afirme, seguindo meus antecessores, que o progresso econômico e social equitativo só pode ser obtido se conjugarmos as capacidades científicas e técnicas com um compromisso de solidariedade constante, acompanhado de uma gratuidade generosa e abnegada em todos os níveis.

TOMÉ E AS FERIDAS DE JESUS

Jesus nos disse: "No caminho vimos Tomé". Mas como posso encontrar as feridas de Jesus hoje? Não posso vê-las como viu Tomé. Encontramos as feridas de Jesus praticando atos de misericórdia, doando o corpo, o corpo e também a alma, sublinho, ao corpo do irmão curvado, porque tem fome, porque tem sede, porque está nu, porque está humilhado, porque está escravizado, porque está encarcerado, porque está internado. Essas são as feridas de Jesus hoje. E Jesus nos pede para realizar um ato de fé nele através das feridas.

Não é suficiente criar uma fundação para ajudar os outros, nem fazer muitas coisas boas para ajudá-los. Tudo isso é importante, mas seria apenas filantropia. Em vez disso, devemos tocar as feridas de Jesus, devemos acariciar as feridas de Jesus. Devemos curar as feridas de Jesus com ternura. Devemos literalmente beijar as feridas de Jesus.

A vida de São Francisco mudou quando ele abraçou os leprosos, porque tocou Deus vivo e viveu em adoração. O que Jesus nos pede para fazer com nossas ações de misericórdia é aquilo que Tomé havia pedido: entrar nas feridas.

Só tocando as feridas, acariciando-as, é possível adorar o Deus vivo em meio a nós.

A FORÇA DA PALAVRA DE DEUS

Se nos deixarmos interrogar pela palavra de Deus, se permitirmos que ela interpele nossa consciência pessoal e social, se deixarmos que questione nosso modo de pensar e agir, critérios, prioridades e escolhas, então as coisas podem mudar. A força dessa palavra põe limites a quem quiser se tornar hegemônico, prevaricando os direitos e a dignidade alheios. Ao mesmo tempo, dá esperança e conforto a quem não é capaz de se defender, a quem não dispõe de meios intelectuais e práticos para afirmar o valor do próprio sofrimento, dos próprios direitos, da própria vida.

A doutrina social da Igreja, com sua visão integral do homem, como ser pessoal e social, é a bússola de vocês. Nela há um fruto particularmente significativo do longo caminho do povo de Deus na história moderna e contemporânea: a defesa da liberdade religiosa, da vida em todas as suas fases, do direito ao trabalho e ao trabalho digno, da família, da educação...

É necessária uma obra de sensibilização e de formação, para que os fiéis leigos, em qualquer condição, e sobretudo aqueles que estão comprometidos no âmbito político, saibam pensar segundo o Evangelho e a doutrina social da Igreja e agir coerentemente, dialogando e colaborando com aqueles que, com sinceridade e honestidade intelectual, partilham, se não a fé, pelo menos uma visão semelhante de homem, de sociedade e suas consequências éticas. Não são poucos os não cristãos convictos de que a pessoa humana deve ser sempre um fim e não um meio.

AS BEM-AVENTURANÇAS

Ao proclamar as bem-aventuranças, Jesus nos convida a segui--Lo, a percorrer com Ele o caminho do amor, o único que conduz à vida eterna. Não é um caminho fácil, mas o Senhor nos assegura sua graça e nunca nos deixa sozinhos. Na nossa vida, há pobreza, aflições, humilhações, luta pela justiça, o esforço da transformação cotidiana, a luta para viver a vocação à santidade, perseguições e muitos outros desafios. Mas, se abrirmos a porta para Jesus, se deixarmos que Ele esteja dentro da nossa história, se partilharmos com Ele as alegrias e os sofrimentos, experimentaremos uma paz e uma alegria que só Deus, amor infinito, pode dar.

As bem-aventuranças de Jesus trazem uma novidade revolucionária, um modelo de felicidade oposto àquele que habitualmente é transmitido pela mídia, pelo pensamento dominante. Para a mentalidade do mundo, é um escândalo que Deus tenha vindo para Se fazer um de nós, que tenha morrido numa cruz. Segundo a lógica desse mundo, aqueles que Jesus proclama felizes são considerados "perdedores", fracos. Pelo contrário, se exalta o sucesso a todo custo, o bem-estar, a arrogância do poder, a afirmação própria em detrimento dos outros.

O CUMPRIMENTO DA LEI

Jesus não quer cancelar os mandamentos que o Senhor deu por meio de Moisés, mas deseja levá-los à sua plenitude. E, logo a seguir, acrescenta que esse "cumprimento" da lei exige uma justiça superior, uma observância mais autêntica. Com efeito, diz aos seus discípulos: "Com efeito, eu vos asseguro que se a vossa justiça não exceder a dos escribas e fariseus, não entrareis no Reino dos Céus" (Mt 5,20).

Mas o que significa esse "pleno cumprimento" da lei? E em que consiste essa justiça superior? O próprio Jesus nos responde com alguns exemplos. Jesus era prático, falava sempre com exemplos para se fazer entender. Começa pelo quinto mandamento do decálogo: "Ouvistes o que foi dito aos antigos: 'Não matarás' [...]. Eu, porém, vos digo: todo aquele que chamar ao seu irmão 'Cretino!' estará sujeito ao julgamento [...]" (Mt 5,21-22). Com isso, Jesus nos recorda que também as palavras podem matar! Quando se diz que uma pessoa tem língua viperina, o que isso significa? Que suas palavras matam! Portanto, não só não se deve atentar contra a vida do próximo, como também não se deve fazer cair sobre ele o veneno da ira e da calúnia. Nem sequer falar mal dele. Chegamos às indiscrições: também os mexericos podem matar, porque matam a reputação das pessoas! É tão feio falar mal! No início pode parecer uma coisa agradável, até divertida, como comer um doce. Mas no final, nos enche o coração de amargura e envenena também a nós.

À luz desse ensinamento de Cristo, cada preceito revela seu pleno significado como exigência de amor, e todos se reconhecem no maior mandamento: ame a Deus com todo o coração e ame o próximo como a si mesmo.

A Igreja

*A Igreja é o povo das bem-aventuranças, a casa
dos pobres, dos aflitos, dos excluídos e dos perseguidos,
e de quantos têm fome e sede de justiça.*

Discurso, 9 de maio de 2014

A IGREJA E A LUTA PELA JUSTIÇA

Ninguém pode exigir que releguemos a religião a nossa intimidade secreta, sem qualquer influência na vida social e nacional, sem nos preocupar com a saúde das instituições da sociedade civil, sem nos pronunciar sobre os acontecimentos que interessam aos cidadãos. Quem ousaria se encerrar num templo e silenciar a mensagem de São Francisco de Assis e da beata Teresa de Calcutá? Eles não poderiam aceitar. Uma fé autêntica — que nunca é cômoda nem individualista — comporta sempre um profundo desejo de mudar o mundo, de transmitir valores e de deixar a Terra um pouco melhor depois da nossa passagem. Amamos este magnífico planeta onde Deus nos colocou, e amamos a humanidade que o habita, com todos os seus dramas e cansaços, com seus anseios e esperanças, com seus valores e fragilidades. A Terra é nossa casa comum, e somos todos irmãos. Embora "a justa ordem da sociedade e do Estado seja dever central da política", a Igreja "não pode nem deve ficar à margem na luta pela justiça". Todos os cristãos, incluindo os pastores, são chamados a se preocupar com a construção de um mundo melhor. É disso mesmo que se trata, pois o pensamento social da Igreja é basicamente positivo e construtivo, orienta uma ação transformadora e, nesse sentido, não deixa de ser um sinal de esperança que brota do coração amoroso de Jesus Cristo. Ao mesmo tempo, "une o próprio empenho ao esforço social das demais Igrejas e comunidades eclesiásticas, tanto na reflexão doutrinal como na prática".

A IGREJA E O COMBATE À POBREZA

Quando escolhi meu nome, vários motivos me levaram a pensar em Francisco de Assis, uma figura bem conhecida para além das fronteiras da Itália e da Europa, inclusive entre os que não professam a fé católica. Um dos primeiros é o amor que Francisco tinha pelos pobres. Ainda há tantos pobres no mundo! E por tanto sofrimento passam essas pessoas! A exemplo de Francisco de Assis, a Igreja tem procurado, sempre e em todos os cantos da terra, cuidar e defender quem passa pela indigência, e penso que vocês poderão constatar, em muitos dos seus países, a obra generosa dos cristãos que se empenham em ajudar os doentes, os órfãos, os sem-teto e os marginalizados, trabalhando desse modo para construir sociedades mais humanas e mais justas.

Mas há ainda outra pobreza: é a pobreza espiritual dos nossos dias, que afeta gravemente também os países considerados mais ricos. É aquilo que meu antecessor, o amado e venerado Bento XVI, chama de "ditadura do relativismo", que deixa cada um como medida de si mesmo e coloca em perigo a convivência entre os homens. E assim chego à segunda razão do meu nome. Francisco de Assis nos diz: trabalhem para construir a paz. Mas, sem a verdade, não há verdadeira paz. Não pode haver verdadeira paz, se cada um é a medida de si mesmo, se cada um pode reivindicar sempre e só os próprios direitos, sem se importar com o bem dos outros, o bem de todos, a começar da natureza comum a todos os seres humanos nesta Terra.

A MISSÃO DA IGREJA

A Igreja católica está ciente da importância de promover a amizade e o respeito entre homens e mulheres de diferentes tradições religiosas — quero sublinhar isto: promover a amizade e o respeito entre homens e mulheres de diferentes tradições religiosas, como atesta o valioso trabalho que realiza o Conselho Pontifício para o Diálogo Inter-religioso. E, de igual modo, ela está ciente da responsabilidade que carregamos todos nós com relação a este nosso mundo e à Criação inteira, que devemos amar e proteger. Muito podemos fazer pelo bem de quem é mais pobre, de quem é frágil e de quem sofre, e para favorecer a justiça, promover a reconciliação e construir a paz. Mas, acima de tudo, devemos manter viva no mundo a sede do absoluto, não permitindo que prevaleça uma visão unidimensional da pessoa humana, segundo a qual o homem se reduz àquilo que produz e consome: essa é uma das ciladas mais perigosas do nosso tempo.

Sabemos quanta violência produziu, na história recente, a tentativa de eliminar Deus e o divino do horizonte da humanidade, e reconhecemos o valor de dar testemunho, em nossas sociedades, da abertura originária à transcendência que está inscrita no coração do ser humano. Nisso, sentimos que estão conosco todos aqueles homens e mulheres que, embora não se reconhecendo afiliados a nenhuma tradição religiosa, andam à procura da verdade, da bondade e da beleza — essa verdade, bondade e beleza de Deus —, e que são preciosos aliados em nossos esforços para defender a dignidade do homem, na construção de uma convivência pacífica entre os povos e na guarda cuidadosa da Criação.

A IGREJA NÃO DEVE SE FECHAR

A Igreja não é um movimento político, nem uma estrutura bem organizada. Não somos uma ONG e, quando a Igreja se torna uma ONG, perde o sal, o sabor, não passa de uma organização vazia. Nesse ponto sejam espertos, porque o diabo engana: há o perigo do eficientismo. Uma coisa é pregar Jesus; outra é a eficácia, ser eficiente. Fundamentalmente, o valor da Igreja é viver o Evangelho e dar o testemunho da nossa fé. A Igreja é o sal da terra, é a luz do mundo, é chamada a tornar presente na sociedade o fermento do reino de Deus, e o faz, antes de mais nada, por meio de seu testemunho: o testemunho do amor fraterno, da solidariedade, da partilha.

Nestes tempos de crise, não podemos nos preocupar apenas com nós mesmos, nos fecharmos na solidão, no desânimo, na sensação de impotência diante dos problemas. Não se fechem, por favor! Isso é um perigo: nos fecharmos na paróquia, com os amigos, no movimento, com aqueles que pensam as mesmas coisas que nós... Sabem o que sucede? Quando a Igreja se fecha, ela adoece. Imaginem um quarto fechado durante um ano; quando você entra, cheira a mofo, e há muitas coisas que não estão bem. A uma Igreja fechada sucede o mesmo: é uma Igreja doente. A Igreja deve sair de si mesma. Para onde? Para as periferias existenciais, sejam eles quais forem, mas sair.

Nós, pelo contrário, devemos ir ao encontro e devemos criar, com nossa fé, uma "cultura do encontro", uma cultura da amizade, uma cultura onde encontramos irmãos, onde podemos conversar mesmo com aqueles que pensam diferente de nós, mesmo com aqueles que têm outra crença, que não têm a mesma fé. Todos temos algo em comum: somos imagens de Deus, somos filhos de Deus. Ir ao encontro de todos, sem negociar nossa filiação religiosa.

A IGREJA PORTADORA DE ESPERANÇA

O momento atual é marcado por uma crise econômica difícil de superar e que tem como efeito mais doloroso a oferta insuficiente de trabalho. É necessário multiplicar os esforços para aliviar as consequências e para captar e fortalecer cada sinal de retomada.

A tarefa primária que compete à Igreja é dar testemunho da misericórdia de Deus e encorajar respostas generosas de solidariedade para descortinar um futuro de esperança, pois, onde aumenta a esperança, se multiplicam também as energias e o compromisso em prol da construção de uma ordem social e civil mais humana e mais justa, e sobressaem novas potencialidades para um desenvolvimento sustentável e sadio.

As primeiras visitas pastorais que pude realizar na Itália permanecem gravadas em minha mente. Antes de tudo a Lampedusa, onde vi de perto o sofrimento daqueles que, por causa das guerras ou da miséria, se encaminham para a emigração em condições muitas vezes desesperadas, e onde percebi o louvável testemunho de solidariedade de muitas pessoas que se superam no serviço de hospitalidade. Depois, recordo a visita a Cagliari, para rezar diante de Nossa Senhora de Bonaria, e a visita a Assis, para venerar o padroeiro da Itália e do qual assumi o nome. Nesses locais, também pude tocar com as mãos as feridas que hoje afligem muitas pessoas.

O PAPEL DA IGREJA

Verdade *e* misericórdia: não as separemos.

Que seu comunicado seja depois cadenciado pela eloquência dos gestos. Recomendo a vocês a eloquência dos gestos!

Como pastores, sejam simples no estilo de vida, abnegados, pobres e misericordiosos, para caminhar rapidamente e nada interpor entre vocês e os outros.

Sejam interiormente livres para poder estar próximos das pessoas, dispostos a aprender sua linguagem, se aproximar de cada um com caridade, permanecendo ao seu lado nas noites de solidão, de inquietação e nos fracassos. Acompanhem-nas até que aqueçam o coração, estimulando-as desse modo a escolher um caminho de sentido que restitua a dignidade, a esperança e a fecundidade à vida.

Entre os "locais" onde sua presença me parece mais necessária e importante — e em relação aos quais um excesso de prudência condenaria à irrelevância — está, antes de tudo, a família.

Outro espaço do qual hoje não podemos fugir é a sala de espera apinhada de pessoas sem trabalho: desempregados, subsidiados, precários, onde o drama de quem não sabe como levar o pão para casa se encontra com o daqueles que não conseguem levar uma empresa adiante. Trata-se de uma emergência histórica, que desafia a responsabilidade social de todos: como Igreja, devemos ajudá-los a não ceder ao catastrofismo e à resignação, apoiando, mediante todas as formas de solidariedade criativa, o compromisso daqueles que, perdendo o emprego, se sentem desprovidos até da própria dignidade.

Finalmente, a tábua de salvação que se deve lançar é o abraço acolhedor aos migrantes: eles fogem da intolerância, da perseguição e da falta de futuro. Que ninguém desvie o olhar deles. A caridade, que é testemunho da generosidade de muitas pessoas, é nosso modo de viver e interpretar a vida: em virtude desse dinamismo, o Evangelho continuará se difundindo pela atração.

A necessidade de um novo humanismo é conclamada por uma sociedade sem esperança, que vacila em muitas de suas certezas fundamentais, depauperada por uma crise que, mais do que econômica, é cultural, moral e espiritual.

OS CONSAGRADOS

As pessoas consagradas são sinal de Deus nos diversos contextos da vida, são fermento para o crescimento de uma sociedade mais justa e fraterna, são profecia de partilha com os pequeninos e os pobres. Entendida e vivida dessa forma, a vida consagrada se parece com o que realmente é: um dom de Deus, um dom de Deus à Igreja, um dom de Deus ao seu povo! Cada pessoa consagrada é um dom para o povo de Deus no caminho. Sua presença é tão necessária, que elas fortalecem e renovam o compromisso de difusão do Evangelho, da educação cristã, da caridade para com os mais necessitados, da oração contemplativa, o compromisso da formação humana, da formação espiritual dos jovens, das famílias, o compromisso pela justiça e pela paz na família humana. Pensemos um pouco no que aconteceria se não houvesse religiosas nos hospitais, nas missões, nas escolas. Pensem numa Igreja sem religiosas! Impossível imaginar: elas são esse dom, esse fermento, que leva adiante o povo de Deus. São grandes essas mulheres que consagram sua vida a Deus, que levam adiante a mensagem de Jesus!

UMA IGREJA QUE SURPREENDE

Nosso Deus é o Deus das surpresas, bem o sabemos.

A Igreja que tem origem no Pentecostes é uma comunidade que suscita admiração porque, com a força que lhe vem de Deus, anuncia uma nova mensagem — a ressurreição de Cristo — com uma linguagem nova — universal, do amor. Um anúncio novo: Cristo está vivo, ressuscitou; uma linguagem nova: a linguagem do amor. Os discípulos estão revestidos de poder do alto e falam com coragem. Poucos minutos antes eram covardes todos, mas agora falam com coragem e franqueza, com a liberdade do Espírito Santo.

Assim a Igreja é chamada a ser sempre capaz de surpreender, anunciando a todos que Jesus Cristo venceu a morte, que os braços de Deus estão sempre abertos, que sua paciência está sempre ali à nossa espera para nos curar e nos perdoar. Jesus ressuscitou e doou Seu espírito à Igreja justamente para essa missão.

Atenção: se a Igreja está viva, ela deve surpreender sempre. É característico da Igreja viva surpreender. Uma Igreja que não é capaz de surpreender é uma Igreja frágil, doente, moribunda e deve ser internada numa UTI o quanto antes!

A Igreja do Pentecostes é uma Igreja que não se resigna a ser inócua, ou seja, demasiado "purificada". Ela não quer ser um elemento decorativo. É uma Igreja que não hesita em sair, em ir ao encontro das pessoas, para anunciar a mensagem que lhe foi confiada, mesmo que essa mensagem perturbe ou desassossegue as consciências, mesmo que essa mensagem talvez traga problemas e também, por vezes, nos leve ao martírio. Ela nasce una e universal, com uma identidade determinada, mas aberta. É uma Igreja que abraça o mundo, mas não o captura. Deixa-o livre, mas abraça-o como a colunata desta praça: dois braços que se abrem para acolher, mas não se fecham para reter. Nós, cristãos, somos livres, e a Igreja nos quer livres!

Referências

PARTE I: A JUSTIÇA DO HOMEM

A SOLIDARIEDADE

"A cultura da solidariedade": Discurso na xxviii Jornada Mundial da Juventude, Rio de Janeiro, 25 de julho de 2013.
"O valor da solidariedade": Discurso, 25 de maio de 2013.
"Solidariedade e compartilhamento": Homilia, 30 de maio de 2013.
"A solidariedade gera justiça": *Evangelii gaudium*, n. 188-9.
"Ninguém é isento de solidariedade": *Evangelii gaudium*, n. 201.
"A fraternidade": Mensagem para o xlvii Dia Mundial da Paz, 1º de janeiro de 2014.

A DIGNIDADE

"A cultura da vida": Discurso, 20 de setembro de 2013.
"A dignidade humana e a base da sociedade": *Evangelii gaudium*, n. 203.
"A dignidade do trabalho": Meditação matinal na capela Catedral de Santa Marta, 1º de maio de 2013.
"O trabalho e o desemprego": Discurso, 20 de março de 2014.
"Dignidade e justiça": Discurso, 22 de setembro de 2013.

O ACOLHIMENTO

"Colher e servir": Discurso, 10 de setembro de 2013.

"Os conventos, lugar de acolhimento": Discurso, 10 de setembro de 2013.

"A cultura do descarte e do acolhimento": Discurso, 4 de outubro de 2013.

"A Igreja que acolhe": Audiência geral, 2 de outubro de 2013.

"Acolher os imigrantes": Mensagem para o Dia mundial do Migrante e do Refugiado, 5 de agosto de 2013.

"O acolhimento cristão": Meditação matinal na capela da Catedral de Santa Marta, 25 de maio de 2013.

A IGUALDADE

"Somos todos filhos de Deus": *Angelus*, 23 de fevereiro de 2014.

"A Terra é de todos": *Evangelii gaudium*, n. 190.

"Os direitos dos nascituros": *Evangelii gaudium*, n. 213.

"A santidade do indivíduo": *Evangelii gaudium*, n. 274.

"Os papéis na Igreja": Discurso, 22 de março de 2014.

COMPARTILHANDO

"A serviço do próximo": *Angelus*, 2 de março de 2014.

"A riqueza do compartilhar": Discurso na XXVIII Jornada Mundial da Juventude, Rio de Janeiro, 25 de julho de 2013.

"Os dons do Senhor": Audiência Geral, 24 de abril de 2013.

"Conviver com os irmãos": Audiência Geral, 6 de novembro de 2013.

"A Santa Missa": Audiência Geral, 12 de fevereiro de 2014.

"A piedade": Audiência Geral, 4 de junho de 2014.

O ENCONTRO

"A cultura do encontro": Mensagem para o Dia Mundial do Migrante e do Refugiado, 5 de agosto de 2013.

"Contra a intolerância": Discurso, 24 de outubro de 2013.

"Encontro com Deus": Discurso, 23 de novembro de 2013.

"Encontro com Jesus": Homilia, 1º de dezembro de 2013.

"A mídia": Mensagem para o XLVIII Dia Mundial das Comunicações Sociais, 24 de janeiro de 2014.

"O diálogo": Meditação matinal na capela da Catedral de Santa Marta, 24 de janeiro de 2014.

A UNIÃO

"Cristãos e judeus": Discurso em Jerusalém, 26 de maio de 2014.

"Unidade da Igreja": Audiência Geral, 25 de setembro de 2013.

"Harmonia na Igreja": Audiência Geral, 9 de outubro de 2013.

"União na fé": Audiência Geral, 30 de outubro de 2013.

"Unidade e diversidade": Homilia, 30 de novembro de 2013.

A POLÍTICA

"Política e bem comum": Meditação matinal na capela da Catedral de Santa Marta, 16 de setembro de 2013.

"Autêntico diálogo na política": *Evangelii gaudium*, n. 205.

"O sustento da Igreja": Discurso, 16 de maio de 2013.

"O dever na política": Discurso, 7 de junho de 2013.

"Reabilitar a política": Discurso na XXVIII Jornada Mundial da Juventude, Rio de Janeiro, 27 de julho de 2013.

"O desafio da diplomacia": Discurso, 10 de novembro de 2013.

"A centralidade do ser humano": Carta para David Cameron, 15 de junho de 2013.

OS CRISTÃOS

"O compromisso do cristão": Mensagem, 26 de dezembro de 2013.

"A cultura cristã": *Evangelii gaudium*, n. 68.

"A união dos cristãos": Declaração conjunta com o patriarca Bartolomeu I, 25 de maio de 2014.

"A concretude do amor cristão": Meditação matinal na capela da Catedral de Santa Marta, 9 de janeiro de 2014.

"O zelo do cristão": Meditação matinal na capela da Catedral de Santa Marta, 16 de maio de 2013.

"A justiça dos cristãos": Meditação matinal na capela da Catedral de Santa Marta, 13 de junho de 2013.

PARTE II: A INJUSTIÇA DO MUNDO

A POBREZA

"A cultura do descarte": Audiência Geral, 5 de junho de 2013.

"O escândalo da fome": Mensagem para o Dia Mundial da Alimentação, 16 de outubro de 2013.

"Os ensinamentos da pobreza": Discurso, 8 de maio de 2013.

"Para eliminar a injustiça": Discurso proferido na conferência da Organização das Nações Unidas para a Alimentação e a Agricultura (FAO), 20 de junho de 2013.

"O grito da pobreza": Discurso, 7 de junho de 2013.

"O caminho da pobreza": Discurso em Assis, 4 de outubro de 2013.

"Combate à pobreza": Mensagem para a celebração do XLVII Dia Mundial da Paz, 1º de janeiro de 2014.

A INDIFERENÇA

"A globalização da indiferença": Homilia em Lampedusa, 8 de julho de 2013.

"A banalização do sofrimento": Audiência Geral, 5 de março de 2014.

"Contra a guerra": Mensagem para a celebração do XLVII Dia Mundial da Paz, 1º de janeiro de 2014.

"A tentação da indiferença": Mensagem para a XXIX Jornada Mundial da Juventude, 21 de janeiro de 2014.

"Exame de consciência": Mensagem, 25 fevereiro de 2014.

"A indiferença dos cristãos": Meditação matinal na capela da Catedral de Santa Marta, 1º de abril de 2014.

"O choro das crianças": Homilia a Betlemme, 25 de maio de 2014.

"A justiça é uma responsabilidade humana": *Angelus*, 1º de janeiro de 2014.

"Crianças e idosos": Discurso, 25 de outubro de 2013.

"Combater a exclusão": Discurso proferido na Jornada Mundial da Juventude, Rio de Janeiro, 25 de julho de 2013.

"A mentalidade do descarte": Mensagem para a celebração do XLVII Dia Mundial da Paz, 1º de janeiro de 2014.

"A privação do amor": Mensagem, 19 de fevereiro de 2014.

"O antissemitismo": Discurso proferido em Tel Aviv, 25 de maio de 2014.

"Os ciganos": Discurso, 5 de junho de 2014.

A CORRUPÇÃO

"Pecadores e corruptos": Homilia para o parlamento italiano, 27 de março de 2014.

"O pão da corrupção": Meditação matinal na capela da Catedral de Santa Marta, 8 de novembro de 2013.

"A vida dupla dos corruptos": Meditação matinal na capela da Catedral de Santa Marta, 11 de novembro de 2013.

"A linguagem da corrupção": Meditação matinal na capela da Catedral de Santa Marta, 4 de junho de 2013.

"As teias da corrupção": Meditação matinal na capela da Catedral de Santa Marta, 9 de junho de 2014.

O DINHEIRO

"Ou Deus ou o dinheiro": Meditação matinal na capela da Catedral de Santa Marta, 20 de setembro de 2013.

"A ditadura da economia": Discurso, 16 de maio de 2013.

"O rico sem nome": Homilia, 29 de setembro de 2013.

"A superação do interesse individual": Mensagem para a celebração do XLVII Dia Mundial da Paz, 1º de janeiro de 2014.

"A cultura do bem-estar": Meditação matinal na capela da Catedral de Santa Marta, 27 de maio de 2013.

"Riqueza e futuro": Meditação matinal na capela da Catedral de Santa Marta, 22 de junho de 2013.

A VIOLÊNCIA

"A injustiça provoca violência": *Evangelii gaudium*, n. 159.

"A violência nos países africanos": Discurso, 13 de janeiro de 2014.

"O diálogo contra a violência": Discurso, 30 de setembro de 2013.

"A volta de Caim": Homilia na vigília de oração pela paz, 7 de setembro de 2013.

"Guerra e economia": Carta para Vladimir Putin, 4 de setembro de 2013.

"A falsa paz no mundo": Meditação matinal na capela da Catedral de Santa Marta, 20 de maio de 2014.

"O espírito da guerra": Meditação matinal na capela da Catedral de Santa Marta, 25 de fevereiro de 2014.

"A violência das palavras": Meditação matinal na capela da Catedral de Santa Marta, 13 de setembro de 2013.

"O drama da guerra": Discurso em Betânia, 24 de maio de 2014.

A MIGRAÇÃO

"Pobreza e imigração": Mensagem para o Dia Mundial do Migrante e do Refugiado, 5 de agosto de 2013.

"A imigração forçada": Discurso, 15 de maio de 2014.

"A Igreja e os refugiados": Discurso, 24 de maio de 2013.

"Um mundo melhor": Mensagem para o Dia Mundial do Migrante e do Refugiado, 5 de agosto de 2013.

"O tráfico humano": Discurso, 12 de dezembro de 2013.

"A tragédia de Lampedusa": Homilia em Lampedusa, 8 de julho de 2013.

"Migração em massa": Mensagem, 22 de maio de 2014.

A PERSEGUIÇÃO

"A tentação da vida dupla": Meditação matinal na capela da Catedral de Santa Marta, 11 de abril de 2013.

"O ecumenismo do sofrimento": Discurso proferido em Jerusalém, 25 de maio de 2014.

"Liberdade religiosa": Conferência de imprensa, 26 de maio de 2014.

"Os cristãos perseguidos": Meditação matinal na capela da Catedral de Santa Marta, 4 de abril de 2014.

"Apelo": Discurso, 21 de novembro de 2013.

"Diálogo e tolerância": Discurso, 28 de novembro de 2013.

PARTE III: A JUSTIÇA DE DEUS

O AMOR

"A certeza do amor de Deus": Discurso na XXVIII Jornada Mundial da Juventude, Rio de Janeiro, 26 de julho de 2013.

"O amor pelo próximo": *Evangelii gaudium*, n. 179.

"O dinamismo do amor": Discurso, 27 de setembro de 2013.

"A gratuidade do amor": Discurso, 22 de setembro de 2013.

"A lei do amor": Audiência Geral, 12 de junho de 2013.

"O símbolo do amor de Deus": Audiência Geral, 21 de maio de 2014.

A PAZ

"Não existe paz sem justiça": *Evangelii gaudium*, n. 218-9.

"Pela paz na Síria": *Angelus*, 1º de setembro de 2013.

"Da justiça nasce a paz": Discurso, 3 de outubro de 2013.

"A paz de cristo": *Evangelii gaudium*, n. 229-30.

"Instrumentos da paz": *Evangelii gaudium*, n. 239.

"Paz, armamento e migrações": Discurso, 15 de maio de 2014.

"O diálogo cria a paz": Discurso, 21 de agosto de 2013.

"Guardar a cruz": Homilia na vigília de oração pela paz, 7 de setembro de 2013.

"*Shalom*, paz, *salam!*": Invocação pela paz, 8 de junho de 2014.

O PERDÃO

"Deus não se cansa de perdoar": *Angelus*, 17 de março de 2013.

"O dono do perdão": Discurso, 28 de março de 2014.

"O Senhor perdoa": Conferência de impressa depois de viagem ao Rio de Janeiro, 28 de julho de 2013.

"Confissão e perdão": Audiência Geral, 20 de novembro de 2013.

"Envergonhar-se é bom": Audiência Geral, 19 de fevereiro de 2014.

A MISERICÓRDIA

"Misericórdia é vida": *Angelus*, 9 de junho de 2013.

"A misericórdia na Bíblia": *Evangelii gaudium*, n. 193.

"A Igreja como hospital": Discurso, 6 de março de 2014.

"A misericórdia da Igreja": Conferência de imprensa depois da viagem ao Rio de Janeiro, 28 de julho de 2013.

"A misericórida para proteção dos direitos": Discurso, 10 de setembro de 2013.

"Deus não pede nada em troca": Audiência Geral, 27 de março de 2013.

A ESPERANÇA

"A esperança no reino de Deus": *Evangelii gaudium*, n. 180.

"O dono da esperança": Discurso, 17 de junho de 2013.

"Esperança e pobreza": Discurso, 7 de junho de 2013.

"Os jovens e o futuro": Discurso no Rio de Janeiro, 27 de julho de 2013.

"A esperança de mudança": Discurso no Rio de Janeiro, 25 de julho de 2013.

"Semear a esperança": Discurso, 22 de setembro de 2013.

A ALEGRIA

"A alegria do encontro": Discurso, 6 de julho de 2013.

"A alegria plena de Jesus": Discurso, 26 de outubro de 2013.

"Compartilhar a alegria": Audiência Geral, 3 de abril de 2013.

"A alegria do cristão": Homilia, Rio de Janeiro, 24 de julho de 2013.

"Alegria em família": Homilia, 27 de outubro de 2013.

"Diversão e alegria": Meditação matinal na capela Catedral de Santa Marta, 10 de maio de 2013.

A FÉ

"Fé e justiça": *Lumen fidei*, n. 55.

"A revolução da fé": Homilia, Rio de Janeiro, 25 de julho de 2013.

"Fé e caridade": Discurso, 31 de outubro de 2013.

"A certeza da fé": Discurso, 14 de outubro de 2013.

"A fé de Maria": Discurso, 12 de outubro de 2013.

"Testemunhar a fé": Discurso, 25 de novembro de 2013.

"Fé para compartilhar": Mensagem, 19 de maio de 2013.

JESUS

"Fazer como jesus: Meditação matinal na capela da Catedral de Santa Marta, 24 de outubro de 2013.

"A rejeição a preconceitos": *Angelus*, 23 de março de 2014.

"Para seguir Jesus": *Angelus*, 18 de agosto de 2013.

"A cruz": Via Crúcis, 18 de abril de 2014.

"O convite de Jesus": *Evangelii gaudium*, n. 269-71.

"Jesus conosco": Discurso, Rio de Janeiro, 26 de julho de 2013.

"Jesus e o sofrimento": Discurso, 17 de maio de 2014.

"Jesus e o serviço": Mensagem para a celebração do XLVII Dia Mundial da Paz, 1º de janeiro de 2014.

"A humildade de Jesus": Audiência Geral, 16 de abril de 2014.

A BÍBLIA

"A viúva que implora a um juiz": Discurso, 20 de outubro de 2013.

"O Evangelho indica o caminho": *Evangelii gaudium*, n. 194-6.

"O bom samaritano": Discurso, 6 de março de 2014.

"O exemplo de Zaqueu": Discurso, 9 de maio de 2014.

"Tomé e as feridas de Jesus": Meditação matinal na capela da Catedral de Santa Marta, 3 de julho de 2013.

"A força da palavra de Deus": Discurso, 7 de dezembro de 2013.

"As bem-aventuranças": Mensagem para a XXIX Jornada Mundial da Juventude, 13 de abril de 2014.

"O cumprimento da lei": *Angelus*, 9 de fevereiro de 2014.

A IGREJA

"A Igreja e a luta pela justiça": *Evangelii gaudium*, n. 183.

"A Igreja e o combate à pobreza": Audiência, 22 de março de 2013.

"A missão da Igreja": Discurso, 20 de março de 2013.

"A Igreja não deve se fechar": Discurso, 18 de maio de 2013.

"A Igreja portadora de esperança": Discurso, 14 de novembro de 2013.

"O papel da Igreja": Discurso na Assembleia Geral da Conferência Episcopal Italiana, 19 de maio de 2014.

"Os consagradores": *Angelus*, 2 de fevereiro de 2014.

"Uma Igreja que surpreende": Regina Caeli, 8 de junho de 2014.

TIPOGRAFIA Adriane por Marconi Lima
DIAGRAMAÇÃO Verba Editorial
PAPEL Pólen Soft, Suzano S.A.
IMPRESSÃO Gráfica Bartira, outubro de 2020

A marca FSC® é a garantia de que a madeira utilizada na fabricação do papel deste livro provém de florestas que foram gerenciadas de maneira ambientalmente correta, socialmente justa e economicamente viável, além de outras fontes de origem controlada.